同成社近現代史叢書④

日本の朝鮮・韓国人

樋口雄一

同成社

はじめに

本書は在日韓国・朝鮮人の歴史と現状について、事実に基づいて正確に描こうとしたものである。これまで在日韓国・朝鮮人について書かれた本の大半は在日韓国・朝鮮人の手になるもので、彼らの見方・考え方で書かれている。日本人の書いた資料は現状論が大半である。現状を踏まえつつ日本近現代史、あるいは朝鮮史のなかで在日韓国・朝鮮人の歴史を通史として総体的に位置づけようとする日本人の試みは少ない。

周知のように一九一〇年の「韓国併合」以降、日本は朝鮮を植民地として支配し、その過程のなかで在日朝鮮人社会が形成され、この継続として戦後在日朝鮮人社会が存在している。一九四八年に大韓民国と朝鮮民主主義人民共和国が成立し、それぞれを支持する人々と新しく韓国から渡航してきた人々は、在日韓国・朝鮮人として生きている。在日韓国・朝鮮人社会は三、四世時代になりつつあり、定住化傾向が強くなり在日韓国・朝鮮人の歴史を独自な社会史として描きうる時代になったといえるであろう。これまで描かれてきたような差別と苦しい生活状態やそれに対する戦い、民族独立、あるいは統一への動きのみではとらえきれない側面をもつにいたっている。とくに民族性の保持についてはさまざまな議論が重ねられており、こうした現状理解を歴史のなかで位置づけることも意識しながら書いた。

また、これまで在日韓国・朝鮮人社会に与えた日本の影響、および日本人が果たしてきた役割についても、日本人の一人として歴史のなかで事実を明らかにして、それを位置づけられるように配慮した。例えば、植民地支配をしたという事実を具体的に在日朝鮮人の姿を通して見直すという作業である。こうしたことが、これからの日本人としての在日韓国・朝鮮人についての歴史的理解の基本とならなければならないと考えたためである。また、在日朝鮮人の歴史であるがゆえに日本国内における処遇の問題と同時に、朝鮮内の経済事情、農村での暮らしなどの関連も重く見た。

昨今の歴史を忘却したなかでの日韓・日朝友好あるいは関係論は、戦時下にもてはやされた「内鮮一体」と同様な響きをもつ危険が感じられるからである。新たな韓国・朝鮮との友好は身近にいる在日韓国・朝鮮人の歴史を理解し、そこから出発しなければならず、まず彼らを理解し共生の途を探るべきであろう。

もう一つ在日韓国・朝鮮人の歴史を跡づける作業のなかで気づいたことがある。それは彼らが自分たちの世界をもち、まとまって行動しさまざまな干渉のなかでも生き生きと生活をしてきたことである。さらに、確かに差別と抑圧のなかにあったが迎合することなく、自分たちに力をつける努力と明るさとたくましさは絶えることなく維持されていたことである。それは矛盾を内包しながらも在日朝鮮人社会を特徴づけるものとなっている。

ともあれ、在日韓国・朝鮮人は日本の近代・現代社会のなかで、日本人とともに地域社会と日本社会の重要な構成要素として存在していたのである。鉄道やダムを建設にかかわったというだけではなく、労働・人権運動や食文化にまで影響を与えてきた存在であり、これからもそれは変わらないであろう。彼らとともに歩むこれからを見据えるために、本書が少しでも役立てられれば幸いである。

二〇〇二年五月二十一日

目　次

第二編 二世・三世の時代へ……141

第一編　一世時代の在日朝鮮人

第一章　在日朝鮮人のルーツ

在日朝鮮人社会は近代、とりわけ日本の朝鮮植民地支配の始まった「韓国併合」条約の成立した一九一〇年以降、とくに一九一七年に在留者が一万人を超えてから成立したと見てもよいであろう。その後、一貫して在日朝鮮人人口が増加して、日本が敗戦を迎えた一九四五年には約二三〇万人となっていた。敗戦に伴う朝鮮への帰国によって六〇万人となり、現在にいたっている。この在日朝鮮人たちは日本の全都道府県に居住し、地域にさまざまな足跡を残し、かつ地域社会形成に大きな影響を与えてきた。日本人にとって、この異文化をもった外国人の存在は近世・近代を通じて初めての体験であった。そして現在は他国の人々の姿も身近に見ることができるようになり、そのなかには新しく韓国からきた人たちも含まれている。私たちは地域レベルでの国際化のなかで暮らすようになっている。しかしながら、私たちは多くの朝鮮人がなぜ日本に渡航してきたのか、という理由についてはほとんど知ろうとしてこなかった。あらためて、なぜ朝鮮人が日本へ渡航するようになったのか、について検証しておくことも必要ではないかと思われる。まず、出身地である植民地下朝鮮の一般的な社会状態をごく簡明に概観しておこう。

一　朝鮮の社会

あらためていうまでもないが一九一〇年から四五年までの朝鮮の産業基調は農業で、朝鮮人人口の八割は農民であった。李朝時代から続いていた農業、とくに独自に朝鮮の風土に合った農業が根をおろして、南部では米・麦、北部では麦、粟、稗、玉蜀黍、良質の豆などをつくって暮らしていたのである。大豆は良質で一部は日本に移出していたし、朝鮮人の食生活に欠くことができない味噌の原料になっていた。副食に使う白菜、固有種の大根、唐辛子も栽培されていた。家畜として多くの農家では朝鮮の土地・気候条件から牛が農業に必需品であり、牛を飼う農家が多かった。

この朝鮮牛は体が日本牛に比べ大きく、力も強くて農耕に適しているために日本に毎年五万頭前後が移出されていた。日本では一九二〇年代から各地に朝鮮牛販売の専門牧場ができて、戦時下には農会が農家に農耕用に運搬用に斡旋していた。一般的には赤牛（あかうし）と呼ばれていた。現在では耕耘機の導入などによって日本の一部に見られるのみである。一九四〇年現在の朝鮮では、総農家戸数に対する飼育農家戸数は四六パーセントに達しており、この時点での飼育頭数は一七四万三九〇頭であった。

半農半漁の村では鱈や鰯などの漁獲もあり、乾し魚として内陸部でも消費されていた。また、各地域で酒の生産もさかんで、農民も「マッカリ」などを自分でつくり、あるいは農村まで酒屋があった。商業もさかんで各地に市ができており、生産された農産品の取引もさかんであった。牛の市場も各地にできていた。主食はそこで生産される穀物の米、麦、粟などを主とし、地域によって一日二食から三食で、副食は味噌（テンジャン）やキムチなど多彩な漬物が中心であった。階層にかかわらず温飯が中心で、これは主食（多くの場合、他の食材を混ぜて炊く混飯が主であった）のつくり方によるものと考えられる。副食に肉や魚を常食していたのは地主や自作農で、農民の大半を占めた小作層は主食と蛋白源としての味噌と漬物のみの食事が大半で、ときに乾し魚を摂る程度であったが、工夫が凝らされ朝鮮独自の食文化を発展させていたのである。こうした朝鮮人の食生活は一九四五年以前の日本農民の小作農層の食事と大差はないが、朝鮮農民の窮荒食物の利用は広範で多面的であり、日本農民は利用しないものも工夫が凝らされた調理法でさかんに活用された。エゴマの葉や松の葉、桔梗の根など多種の植物を食用に転化している。また、近在の川、田で簡単に取れる魚介類や葡萄、茸類の利用が多かったのは日本と共通のことである。

衣服は、当初自家製で、女性が糸を紡ぎ家族の需要をまかなっていた。男女はそれぞれの服装で過ごし、女性はチマ・チョゴリ、男性はツルマギ・パジを着るのが通例であった。しかし、日本の安い繊維製品の進出で打撃を受け、後には統制経済下に個別の家での繊維生産はできなくなった。

気候は大陸的で寒さが厳しかった。このため家には必ず炊事に使う火力を利用する床下暖房であるオンドル部屋があり、窓は寒気を防ぐために小さくされていた。屋根は稲わら葺きで、三、四年で代えねばならなかった。家は里・洞という単位の集落を形成していた。単純にはいえないが、日本と比較すると県＝道、郡＝郡、邑＝町、里＝村、洞＝字ということになろう。ただ、日本と違うのは、集落を形成しているのが同族の場合が多いことで、現在でも維持されているところがある。同族の出身地を本貫地といい、同じ金という姓でも出身地が違うと同族としては扱われない。同姓では結婚できないことは現在でも変わらない。同族でない場合でも、同郷出身者は結びつきが強い。金、李、朴などの姓の種類は日本のように多くなく、朝鮮では八〇一姓前後であるといわれている。名はさまざまなつけ方があるが、姓名のみでは男女を区別できない場合も多い。

名前とも関係するのだが、文官・武官の出身者は両班（ヤンバン）といい、地主として力をもっていた。李朝末期になると両班身分は制度的にはなくなったが、経済的な基盤の地主制度が残ったために、支配階層として農村社会に大きな影響を与える存在になっていた。日本と同様な地主制は土地調査事業など日本の植民地支配政策によるところが大きいが、日本に渡航してきた人々の大半は農民であり、彼らの出身地の農村の社会関係について若干述べておこう。

地主には在村するものと都市に住む大地主がいた。農村には地主と大地主の代理人の舎音と呼ばれる管理者、自作農、小作農、農業労働者がいて、山村には火田民がいた。耕地面積に対する収穫率は一反歩当たり日本を一〇〇とすれば米六三パーセント、麦四七パーセントくらいであった。したがって、反当り日本の五割から六割の収穫量であった。したがって小作農でも二町歩前後を耕作しているのが一般的であった。また、自作農の家には年間を通じて雇われる年雇労働者、田植えなど季節で雇われる季節雇がいた。農村の女性たちは農作業を含めて労働に従事していたが、南部の一部地域では田植えなどに女性が参加していなかったところもある。

朝鮮農村での重要な特徴は春窮期の存在である。小作農でも経営の安定している農民と耕地面積が少なかったり負債の多い農民がいた。後者を小作農下層とすれば、これらの人々は秋にできた作物を次の収穫期まで保持できずに食料がなくなり、春の四・五・六月には「絶糧農家」「春窮農家」となり、農民は木皮草根を集めて食料を確保しなければならなかった。一九三三年一月現在の朝鮮全体の春窮戸数は総農家戸数の四三・八パーセントに達していたという数字もあるぐらいである（姜万吉『日帝時代貧民生活史研究』）。

食糧が確保できない一部農民は、離村して移住する者や一家離散し流浪する人々もいた。こうした農村出身者が都市に流入し下層社会を形成し、住居の形態から「土幕民」と呼ばれる階層が大都市周辺に形成されるようになっていた。

朝鮮社会を規定していた慣行の一つは儒教社会の影響が強く残っていたということで、祭事（チェサ）を執り行うこと、父母に孝養を尽くすこと、年長者を尊重すること、男女の別を明確にすることなど、生活上の儒教的規範が生きていたのである。儒教の影響もあったが、仏教の影響が強かった日本との大きな生活慣行上の違いである。これに先に揚げた堅い同族意識が結びつき、その後の社会生活に影響を与えることになったのである。周知のように一九四〇年に朝鮮で創氏改名を実施したが、祖先の発祥地の本貫地で付した姓を名乗ることも多かった。在日朝鮮人にも創氏改名が強制されたが、朝鮮の本貫地の同族の創氏改名にしたがって創氏した人もいたのである。

近代社会の特徴の一つである学校制度は、総督府の設置した公学校―小学校―国民学校へと変遷をたどるいわゆる近代学校が設置されていたが、朝鮮農民が通学したものに朝鮮独自の初等教育機関としての書堂がある。農民はきわめて教育に熱心であり、規模は小さく漢文・習字教育が中心であったが、一九二〇年代には二万五〇〇〇を超える書堂が朝鮮各地につくられていた。次第に総督府の設置した学校に通学するものが増加してその影響力も強くなったが、書堂のはたしていた役割は朝鮮社会には大きな存在であったと考えられる。日本語はできない人々が多かったが、漢字や漢文の理解の水準は高いという側面をもっていたのである。しかし、女性の就学率は書堂を含めて低く、儒教的な価値判断の影響であったと考えられる。なお、朝鮮総督府は朝鮮人の近代学校制度下の教育に熱心でなく、就学率の向上努力は見送られていた。朝鮮人の皇民化の必要が生じたり、工場労働に動員したり朝鮮青年全体に徴兵を実施する必要が生まれた段階で、朝鮮人の義務教育化の方針が決定されたが実現しないままに終わっている。

第１表　朝鮮人人口と在朝鮮日本人人口

（単位：人）

年代	朝鮮人人口	在朝鮮日本人人口
1910	13,128,780	171,542
1914	15,620,720	291,217
1918	16,697,017	326,872
1922	17,208,139	386,492
1926	18,615,033	442,326
1930	19,685,587	501,867
1934	20,513,804	561,384
1939	22,098,310	650,104
1942	25,525,409	752,823
1944	25,120,174	608,448

＊出典:『朝鮮年鑑』 1945年版、『朝鮮総督府統計年報』等による。

＊朝鮮総督府『人口調査結果報告』（1945）による。1942年と差があるが、陸海軍に現在しているものは含まれていないなどの調査条件が違うと思われる。

二　日本人の進出

一九一〇年に日本が「韓国併合」をした時点から一九四五年までに、朝鮮に住むようになった日本人は増加し続けて、第１表のように一九四二年現在で七五万二八二三人となっていた。在日朝鮮人の増加に比例するように、日本人の朝鮮在住者が増大していったのである（在日朝鮮人の増加については巻末の付表を参照）。

この日本人の大半は、第2表のとおり支配機構である総督府の官僚や警察官、商人などであった。注目しておきたい農民との関係でいえば、日本人地主と日本人農民の進出である。日本人の農業人口は在住日本人の四パーセントにすぎなかったが、土地の所有面積は大きかった。日本人の職業の四〇パーセントを占めた公務・自由業は、朝鮮総督府機構のあらゆる段階の行政機関の中枢に職を得ていた。もっとも行政の先端にいて朝鮮人と接していたのは警察官で、主要な邑・里など地域に配属され、農民生活を統制していた。在日朝鮮人との関係でいえば、すべての朝鮮人が日本に渡航する際には駐在の警察官から渡航証明を得なければ渡航できなかったし、彼らが郷里との往復する際なども同様で、警察官の権限は大きかったのである。教育の場でも校長・教員の主要部分は日本人が占めており、日本語の普及や朝鮮人の皇民化政策に大きな役割を果たしていたのである。

第2表　朝鮮における朝鮮人・日本人の職業

（単位：戸）

職　種	朝鮮人	日本人
総　　数	25,525,409(100%)	752,860(100%)
農　　業	17,396,888(68%)	29,216(　4%)
水　産　業	505,083(　2%)	9,093(　1%)
鉱　　業	537,806(　2%)	23,265(　3%)
工　　業	1,717,094(　7%)	141,063(19%)
商　　業	1,749,938(　7%)	136,801(18%)
交　通　業	348,678(　1%)	53,874(　7%)
公務・自由業	1.007,360(　4%)	297,263(40%)
その他有業者	2,266,404(　9%)	32,651(　4%)
無　　業	542,158(　2%)	29,661(　4%)

＊出典『朝鮮年鑑』1945年版による。数字は42年末現在。

＊（　）内のパーセントは朝鮮人総数、日本人総数に対する比。

農民の日本渡航者のなかでも、こうした初等教育を受けた人々が日本に渡航している場合が多いのである。

植民地下の朝鮮農業のことを単純にいえば、もともと朝鮮農民が所有・耕作していたところに日本人が行ったのであるから、朝鮮人農民を圧迫することとなった。「韓国併合」直後の一九一二年から実施された土地調査事業では、全国四二二万町歩のうち国有地が二七万町歩、日本人所有地二四万町歩という結果になり、日本人の土地所有の合法化を推進したものとなった。国有地払い下げなどの手段で日本人は朝鮮に広大な土地を所有することとなった。この結果、朝鮮における地主制度の整備が体系化され、安定的な小作権の喪失など朝鮮人小作農に大きな影響を与えることとなった。一九三〇年末には、日本人農家一万五〇五戸の大半は、農業を目的に移住してきた者であった。大地主が多く、主に朝鮮人小作人を雇用していた。

この日本人の出身地は中国・四国・九州などを中心に朝鮮に近い地域から行っており、農業だけでなく四国・九州地区の日本人漁民も朝鮮で定住するようになっている。もちろん資本は地方の資産家、各県の移民会社、東京の財閥から投資されたり、横浜商人も土地に投資をしている。日本人の多くは総督府の官僚を頂点に警察官や地方機関の中枢を占め、行政機関だけでなく農会・商工会のような民間団体の役員も日本人が中心となった。教育機関も日本人に提供される施設が中心であり、中・高等教育機関の入学も日本人に有利になっていた。なかでも地主としては国策会社である東洋拓殖株式会社、不二農場をはじめとする大小の日本人地主が存在し、多数の朝鮮人小作人を使用していた。第2表に象徴されるように日本人の多くは支配機構の一員として朝鮮での生活を送っていた。もちろん、農民として、小作農として働いていた者や小商人も存在したが、大半は朝鮮農民とは比較できないぐらいの生活水準を維持していたのである。日本人は朝鮮で豊かな生活と利益を得ていたのである（木村健二『在朝日本人社会史』）。

ここで、わざわざ日本人の朝鮮でのあり様について述べるのは、在日朝鮮人の存在を考える際には日本人の朝鮮での生活と役割を念頭に置いて位置づけなければならない、と考えるからである。朝鮮に行った日本人の多くは郷里に朝鮮人の実情等を知らせ、日本人の朝鮮観、在日朝鮮観を形成するうえで重要な役割を果たしたのである。日本の農民にとって植民地をもつことが自身の生活を豊かにすることにつながると受け止められた。

三　朝鮮農民の暮らし

時期によって異なるが朝鮮人人口の七〜八割は農民であり、農村には在村地主、自作農、小作農、農業労働者などが暮らしていた。この割合は第3表のように小作人が五二パーセントを占めている。これに自小作、火田民、農業労働者をプラスすると農家の八二パーセントが小作農階層であったといえる。

この小作農戸数は年々増加して一九一四年には九一万一二六一戸であったが、一九三九年末には一五八万三三五八戸となり急激な増加をしている。これに対して自作農は減少しているが、自作兼小作農の場合、同じ一九一四年に一〇六万五七〇五戸であったが、三九年末には七一万九二三二戸に減少しているのであ

第３表　総戸数と農家戸数に対する自小作別農家戸数の割合
（1939年末現在）

総戸数	農家戸数	自作農 小作農	自作兼	小作農	純火田民	被傭者
4,296,524	3,023,133 70.3%	539,629 17.8%	719,232 23.8%	1,583,358 52.3%	69,.280 2.3%	111,634 3.7%

＊農家戸数の割合は総戸数に対する比率。
＊自作農以下の割合は農家戸数に対する比率。
＊なお、1910年韓国併合時の総戸数は2,804,103戸で農家総戸数は2,326,330戸で総戸数に占める割合は83.3パーセントとなり、８割を超えていた。
＊出典 朝鮮総督府農林局『朝鮮の農業』1941年版から。

る。単純にいえば三四万六四七三戸が自作地を失い小作農への転落しているのであり、小作農から農業労働者への転換もあった。農民構成上の日本農業との違いでいえば、火田民と被傭者、すなわち農業労働者の比率が高いのである。

火田民は朝鮮中部から北部にかけて生活していたが、後に火田が規制されるが、小作地をなくした人などで構成されていた。農業労働者は小作農上層や自作農家に雇用されて生活を維持していた者で、農村のなかでは生活にもっとも余裕のない階層であった。こうした朝鮮における農家経済を評して「朝鮮に於ける農家総戸数二百九十万余戸の内、その約八割、二百三十万余戸の農家はいずれも小作並に自作兼小作階級に属する小細農であって、これらの農家の大部分は年々端境期においては食糧に不足を告げ、食を山野に求めて草木木皮を漁り、辛うじて一家の糊口を凌ぎぎつつあるもの亦少なくない」（朝鮮総督府農林局『朝鮮の農業』一九四一年版）としているのである。これは総督府の文書で、春窮民の存在は公知の事実とされていたのである。

朝鮮では気候条件が朝鮮南部、中部、北部では大きく相違して、そこでつくられる作物も違っていた。日本の植民地支配が始まる前は地域に適した作物がつくられ、それをもとに暮らしをたてていたが、植民地支配が始まると、その支配方針に大きく影響されることとなった。日本・総督府は朝鮮を食料供給基地にするという基本政策をもって、朝鮮での政策を実施していった。そこでもっとも重視されたのが米であり、朝鮮各道には農事試験場が設置されたが、そこでは米の生産が課題になっていた。この一番重要な農産物とされた米の生産地帯は、雨量や気温が稲作に適している南部から中部にかけてであった。総督府はもちろん、日本人地主と農民は米をつくることを中心にしていたが、米は日本に移出することのできる商品として重要であったからである。総督府は朝鮮米の改良に力を入れ、日本の品種が作付けされ、生産量も多くなった。朝鮮北部でも米の生産が奨励され、寒冷に強い品種の「亀の尾」などが奨励されており、栽培面積も拡大していた。収穫された米は安く買われて、日本国内で低価格米として広く普及するようになった。戦時下になると日本国内と軍事用の米が不足し、朝鮮では米の消費規制と供出が強行された。米の生産量と日本への移出量推移は第４表のようになる。

本表に見られるように、一九三〇年代以降になると生産高の四〇パーセント以上が日本国内に移出されるようになる。一時、米の豊作で余裕があるときは一九三七年のように比率が低くなるが、一九三九年の朝鮮の大旱害のときでも移出は続けられ、この旱害で日本全体の米は深刻な不足に陥り、軍の食糧確保も十分ではなくなるが、統計数値は得られないものの強力な移出が実施されるようになる。移出をするためには戦時下農民に厳しい供出が架せられて、朝鮮農民には中国東北地区・「満州国」から粟、稗、玉蜀黍を移入して農民に供給するという構想が実施された。だが、「満州国」からは予定どおり「雑穀」が輸入されずに、朝鮮農民は極端な食糧不足に陥る。一方、朝鮮米を導入した日本では米食を中心とする食生活が普及していくが、それでも食糧が不足することになる。

また、総督府は米や麦などの品種改良は熱心に行ったが、朝鮮農民にとって需要が大きかった粟、玉蜀黍、南瓜などの在来種農作物の改善は重視しなかった。

第４表　米の生産量の増加状況と移出量

（単位：石）

年度	生産高	移出高	比率
1910	10,405,613	488,129	4.69
1911	11,568,362	280,260	2.42
1912	10,865,051	291,022	2.68
1913	12,109,840	393,277	3.25
1914	14,130,578	1,099,197	7.78
1915	12,846,085	2,058,385	16.02
1916	13,933,009	1,439,382	10.33
1917	13,687,895	1,296,514	9.47
1918	15,294,109	1.979.645	12.94
1919	12.708.208	2.874.885	22.62
1920	14.882.352	1,750,588	11.76
1921	14,324,352	3,080,662	21.51
1922	15,014,292	3,316,245	22.09
1923	15,174,645	3,624,348	23.88
1924	13,219,322	4,722,541	35.72
1925	14,773,102	4,619,504	31.27
1926	15,300,707	5,429,735	35.49
1927	17,298,887	6,186,925	35.76
1928	13,511,725	7,405,477	54.81
1929	13,701,746	5,609,018	40.94
1930	19,180,677	5,426,476	28.29
1931	15,872,999	8,409,005	52.98
1932	16,345,825	7,569,837	46.31
1933	18,192,720	7,972,219	43.82
1934	16,717,238	9,425,836	56.38
1935	17,884,669	8,856,722	49.52
1936	19,410,763	9,460,421	48.74
1937	26,796,950	7,161,553	26.73
1938	24,138,874	10,702,890	44.34
1939	14,355,793	6,051,802	42.16
1940	21,527,393		
1941	24,885,642	4,250,000	17.07
1942	15,687,578	5,960,000	37.99
1943	18,718,940		
1944	16,051,879	2,890,000	17.78

＊出典 李熒娘「植民地朝鮮における米穀検査制度の展開過程」一橋大学大学院博士学位請求論文の表2−2による。
＊1914年から朝鮮米移入が急増していくが、これは前年の13年４月の第30回帝国議会で朝鮮米移入税撤廃法案が通過・成立したためである。
＊1943、44年は「本邦農産物関係雑件」（1944）に収録されている「朝鮮最近十ヶ年間に於ける糧穀生産概数」他の資料によった。
＊1940年以降の数字は確認しきれない部分がある。

朝鮮農民の地主と小作関係の特徴は、地主の権限が強いこと、これに比例して耕作地に対する小作農民の小作権が弱かったことであろう。小作農民は病気あるいは負債の増加という条件が重なると、小作地を追われて他の小作地を確保しなければならなかった。したがって、小作地や農業労働の場を求めて移動することも多かったのである。さらに小作料は高率で、これに加えて肥料代、水利、種籾代など農業経営を圧迫する要因が重なっていた。世界恐慌の進行は、それをさらに激しいものとした。具体的な春窮農家がどのくらい存在したかを見ると第5表のようになる。全農家の五パーセント弱が生活に窮しているとされている。しかし、この統計にあげられたのは絶糧農家のことで、救済対象になったような農家であると思われること、さらに生活が困難であった火田民、農業労働者戸数が含まれていないことなどから、先の総督府文書『朝鮮の農業』（一九頁）が示すように大部分の農家が食糧に不足を来していたと考えられる。

四　朝鮮農民の移動要因

近代になると朝鮮農民は国内だけでなく、日本を含めた国外への大量移動を始める。その総数は五〇〇万人以上に達していたと考えられる。朝鮮人総人口は一

第5表　「食糧端境期」に生活に窮する農家戸数（1930年調査）
（単位：戸数）

自作農	自作兼小作農	小作農	計
92,304（1.84）	323,470（3.75）	837,511（6.81）	1,253,285（4.83）

＊出典：朝鮮総督府農林局『朝鮮に於ける小作に関する参考事項摘要』（1934）
＊この統計には火田民、農業労働者戸数は含まれていない。
＊（ ）内の数字は総戸数に対する割合。

九四五年の時点で二五〇〇万人と推定されるので、全朝鮮人の五分の一に達する人々が国外に移動した。主な移動先は中国東北地区（満州）と日本であった。大まかにいえば朝鮮北部の人は中国に、南部の人は日本に渡航してきた人々が多い。しかし、朝鮮の人口は米作地帯の南部に集中していたので、南部から中国に移動した人々も多い。一九一〇年の日韓併合以降の移動状況をまとめたのが第６表である。本表のほかに中国各地に居住者が広がり、ロシア地区にも移動した人々がいた。また、一九三九年からの日本への強制連行、一九四〇年の人員は少ないものの南洋農業移住者、一九四二年からの軍隊への軍属としての動員、一九四四年からの朝鮮人徴兵などによって、アジア全体に朝鮮人が見られるようになったのである。確認できることは、植民地支配期

第６表　朝鮮農民の主な移住先と人員概要

年代	日本在住者	中国東北地区在住者
1910	2,246	158,433
1915	3,992	459,400
1920	30,149	
1925	129,870	
1930	298,091	589,424
1935	625,678	791,906
1939	961,591	1,162,127
1940	1,190,444(1,241,315)	1,345,212(1,450,384)
1941	1,469,230	1,464,590
1942	1,624,054	1,540,583
1943	1,805,438	
1944	1,901,409	
1945	2,206,541	2,163,115

＊在日朝鮮人数は内務省警保局資料、40年の（ ）内数字は国勢調査資料、45年の数字は内務省資料
＊中国東北地区移住者数は『関東局管内現住人口統計』各年版付録「満州国在留日本人現住人口」による。1940年の（ ）内数字は満州国国務院臨時国勢調査結果で約10万人の差が認められる。1945年の数字は李光奎『在中韓人』一潮閣1994年刊による。
＊この数字には定住的な移住者も出稼ぎ的な在住者、学生など臨時的な移動者も含まれる。
＊統計の取り方によっては日本・中国在住者ともに実数はさらに多かったと推計される。

間を通じて一貫して朝鮮農民の離村者は増大し続けていることである。量的にも大きくなり、民族移動ともいえる状況になった。

一九二七年春の年度別の事例では朝鮮全体で一五万名余が移動したが、この移動先は、農業労働等雇用人が六万九六四四人（四七％）、日本渡航者が二万五三〇八人（一七％）、小商人に転業者が二万三七二五人（一六％）、工業労働者など一万六八三九人（一一％）、一家離散者六八三五人（四・七％）、シベリア方面へ行った者一〇九一人（〇・七％）、その他三四九七人（二・四％）となっている（姜万吉前掲書）。

さらに個別の道で見ると、植民地下農民移動の初期に属するが、一九二一年京畿道の農民移動は第7表のとおりとなっている。

ごく初期から各地に移住している姿が浮かび上がってくる。その後も継続し範囲が広く人数も多くなる。とくに朝

第７表　京畿道内転業・移住状況（1921年現在）

（単位：人）

種　　　別	自己便宜	農事失敗	計	割　合
商業に就ける者	713	86	799	27%
工業および雑業に就ける者	392	94	486	16%
労働者または雇人となれる者	617	704	1,321	45%
出稼者　「内地」	46	20	66	2%
「満州」	18	6	24	0.08%
シベリア	6	-	6	0.02%
一家まったく離散せる者	22	195	217	0.73%
その他	29	8	37	0.12%
計	1,843	1,115	2,958	100%

＊京畿道内務部社会課『京畿道農村社会事業』同所1924年刊による。
＊商業・工業に就くものが多いのは京畿道が「京城」を含む地域であると考えられる。

鮮南部の人口増加地域では、政策的に「満州」移住や強制連行が実施され、農村社会全体が移動の渦に巻き込まれている。

農民の移動は大規模で朝鮮全体に及んでいたのである。

こうした朝鮮農民の移動は、一九四五年の日本の敗戦を迎えると激変することとなる。短期間に、引き揚げのための大移動が始まったからである。朝鮮農民は主な移動先である日本や中国東北地区からいっせいに引き揚げ始める。中国東北地区からは百数十万の人々が帰国したが、従来から土地を耕作し定住性が高かったこと、朝鮮農民にも土地が配分されたこと、中国国籍が与えられたことなどから、約一〇〇万人余が残留し、少数民族としての生活が始まる。日本からは敗戦時二三〇万人の在留者のうち、約一六〇万余の人々が帰国して、日本国内在住者は六〇万人余になり、朝鮮人の意志とは無関係に身分的には日本人から外国人としての生活が待っていたのである。この日本在住者の帰国については章を改めて論じたい。

この膨大な朝鮮人民衆の移動はどのような要因によってもたらされたのであろうか。少なくとも、住み慣れたところから移動する理由は何らかの圧力が存在したからにほかならない。豊かな環境と生活が保証されていれば、移動はしなかったと思われる。以下に、主に一九四五年以前の朝鮮における農民移動の内的な要因を検証してみよう。

農民が移動するのは、政治・社会・経済など多面的な強い動機が存在したと考えられる。一般的な社会・生活状況はふれてきたので、農民移動の直接的な契機について個別に検討しておこう。まず、ふれておかなければならない要因として著しい朝鮮人の人口増加がある。

1　朝鮮人人口増加圧力

第1表で見たとおり、一九一〇年から一九四二年にかけて一三一二万八七八〇人から二二五二万五四〇九人へと人口が急増したのである。増加数は九三九万六六二九人で、これには四三、四四、四五年の増加分が含まれていないので、それを含めるとほぼ一〇〇〇万人が増加したことになる。この人口増加は朝鮮中部から南部にかけての米作地帯を中心に見られる。これに比例して耕地面積が増加したり、生産力が向上していれば、朝鮮内部で人口増加を吸収し得たであろう（なお、総督府の人口統計は不備であり、人口増加数は公表統計より少なかったという説もある）。

耕地面積は一九一九年には四五二万二〇七〇町歩であったが、一九三九年には四九五万八五〇八町歩になっている。約四三万六四〇〇町歩余の増加にすぎない。人口増加に見合う耕地面積の増加はなかったのである。耕地面積の増加が人口増加に追いつかないと土地所有の零細化がおこり、総農家戸数の著しい増加と自作、自作兼小作農家の減少、小作農家の増加という結果になってくる。第8表に示されるとおりである。

また、耕地面積が多くならなくても反当たり収穫量が高くなっていれば人口増加を支えることができる。そこで反当収穫量の検討をしてみよう。米の生産量は高くなり、第4表のように自然条件などの要因によって異なるが、倍以上の収穫のあった年もある。反当たり収量は一九一〇年が〇・六七九石であったもの

第８表 農家戸数の増減

	自　作	自作兼小作	小　作	農家戸数総計
1914	569,517(22%)	1,065,705(41%)	911,261(35%)	2,592,237
1924	525,689(20%)	934,208(35%)	1,142,192(42%)	2,704,272
1934	542,637(18%)	721,661(24%)	1,564,294(52%)	3,013,104
1939	539,629(18%)	719,232(24%)	1,583,358(52%)	3,023,133

＊（ ）内は農家総戸数に対する比。
＊出典：前掲『朝鮮の農業』1941年版から作成。
＊1914、24年には地主が農家戸数に含まれているが、ここでは省略した。
＊1934、39年には純火田民と被傭者が含まれているが省略した。したがって（ ）内のパーセントの総計は100％にならない。

が、災害のあった一九三九年でも一・一六三石と約二倍になっている。米についてはかなりの増産ができていたが、朝鮮人民衆にとって重要な食品である米以外の作物の反当収量指数は、一九一〇年を一〇〇とすると一九三九年現在で大麦一一一、小麦一四三、裸麦一五四、大豆五六、粟九五、甘藷一二六、馬鈴薯八九となっている。朝鮮人にとって主食ともいうべき米以外の作物の収穫量はあがっていないのである（『朝鮮の農業』一九四一年版）。収穫高や作付け面積との比較検討が必要であるが、米の日本移出を含めて見ると人口増加に見合う食糧の確保が困難であった側面を知ることができる。

こうしたことから、朝鮮農民の小作農への没落と食糧難の深化が伺えるのである。農家経営が成り立たなくなり、農民は解決の方途として出稼ぎ・移住などの解決の道を探るようになるのである。人口が増加したのは朝鮮農村が豊かになっていたかのように、この時期の朝鮮農村を描くことは明白な誤りといえる。一方、総督府の政策推進者も、「過剰農家」の存在が米の朝鮮内消費を増大させ、朝鮮農民が米を生産するより消費する量が多くなるようになり米の日本移出の保証がなくなるため、「過剰農家」の処分を行うようになるのである。

2　政策的な要因

過剰人口が問題とされる頃から、総督府は当初は朝鮮北部への開発移住を奨励した。具体的には一九三〇年五月二十八日付けで出された府令「農地移住奨励規則」で移住を奨励し、その後も継続して移住斡旋を行っていた。

国内斡旋だけでなく、「満州」開拓に意識的に動員することを課題に南部各道から組織的な斡旋を行い、朝鮮内農業人口を減らすことと満州国内の安全村の建設、満州における水田の増加などをねらいとして開拓移民を送る政策が実施された。総督府の集団開拓団の送出は、第一次開拓団が一九三七年から四一年までの五年間実施され、第二次開拓計画が四二年から四五年春期まで実施された。第一次で二万六八〇七戸、第二次で八九〇〇戸の合計三万五七〇七戸を送り出した。一戸五人平均としても一七万八五三五人に達する。これ以外にも道独自で送り出しており、慶尚北道では第一次開拓計画以前に一九三四年に一三八戸、一九三六年に九九戸を送り出しており、両年で二三七戸となり、人員は一三四六人となっている。他の道も同様なことがあり、集団開拓団のみでも二〇万人前後になる。このほかに分散開拓団という個別の「満州」開拓に行った人もいる。量的には、ここに分類されている移住者がもっとも多い。総督府とは無関係に移住した人々のことである。また、朝鮮人青年開拓義勇隊や「満州開拓女子奉仕団」なども送り出されている。「満州」に政策的に集団を組んで送り出された人のみでも約二五万人、「満州」在住者の二割弱に達する（朝鮮全体の数字は拙著『戦時下朝鮮の農民生活誌』による。慶尚北道の数字は朝鮮総督府『調査月報』一九四四年二月号「慶尚北道斡旋満州開拓民年別入植実績総括表」によった）。

これらの集団開拓民は、一九四五年の解放後も現地で中国人少数民族としてとして暮らしている場合が多く、入植当時の部落内道路と住宅区割りを生かして生活している場合も見られるのである。最近では親族のいる韓国の出身母村とも交流が生まれており、在中国朝鮮人社会に与える影響は大きいと考えられる。

総督府は中国地域以外にも、朝鮮南部各道に選ばせた朝鮮人農民を南方のテニアン、ポナペ、パラオなどに家族ごとに送り出した事例がある。一九三九年に、南洋興発株式会社の依頼で慶尚北道、全羅北道から約二〇〇戸、六三五名が送られている。甘藷栽培が目的で農業労働者として働いた。一九四四年の南洋興発の労働者名簿に朝鮮人の名前を確認できるのは、このときに送られた人々のことである。

政策的な移動の場合のなかでも、朝鮮社会と日本社会に大きな影響を与えたのが強制連行であった。日本への強制連行については改めて論ずるが、朝鮮農村からどういう基準で連行したか、という点についてふれておこう。この「供出」基準では、あらかじめ送出者を登録しておき、登録事務の基準は、①すでに道内で鉱山や重要産業に従事しているものは除くこと、②自作農設定者をのぞくこと、③「内地」移住を希望するもの、④耕作地過小にして労務者として転業を可とするもの、⑤耕地狭小部落、常習的旱水害部落、縁故渡航出願諭旨者多数ある部落の者を選定するように指示している（慶尚南道労務課『労働関係法令集』一九四四年刊による）。

米生産をする際の不採算農民のあからさまな切捨てと言え、政策的な農民移動・離村政策の典型であった。二項の自作農設定者とは、自作農維持創設を図るために資金を援助する制度で、朝鮮でも実施していたが、日本国内ほど効果があがらなかった。だが、一応基準からは除くことにしていたのである。

この政策的な移動は朝鮮南部からのものであり、なぜ朝鮮南部から朝鮮農民の政策的な移動が行われたのかを確認し、さらに在日朝鮮人の大半は南部出身者であるから、ここで朝鮮南部の特徴を押さえておきたい。

一般的には朝鮮一三道を南部・中部・北部に分けて、南部は全羅南道・全羅北道・慶尚南道・慶尚北道の四道に区分されているが、全朝鮮に占める南部四道の位置付けは第9表のとおりである。南部四道の占める比重をパーセントで示してある。耕地面積

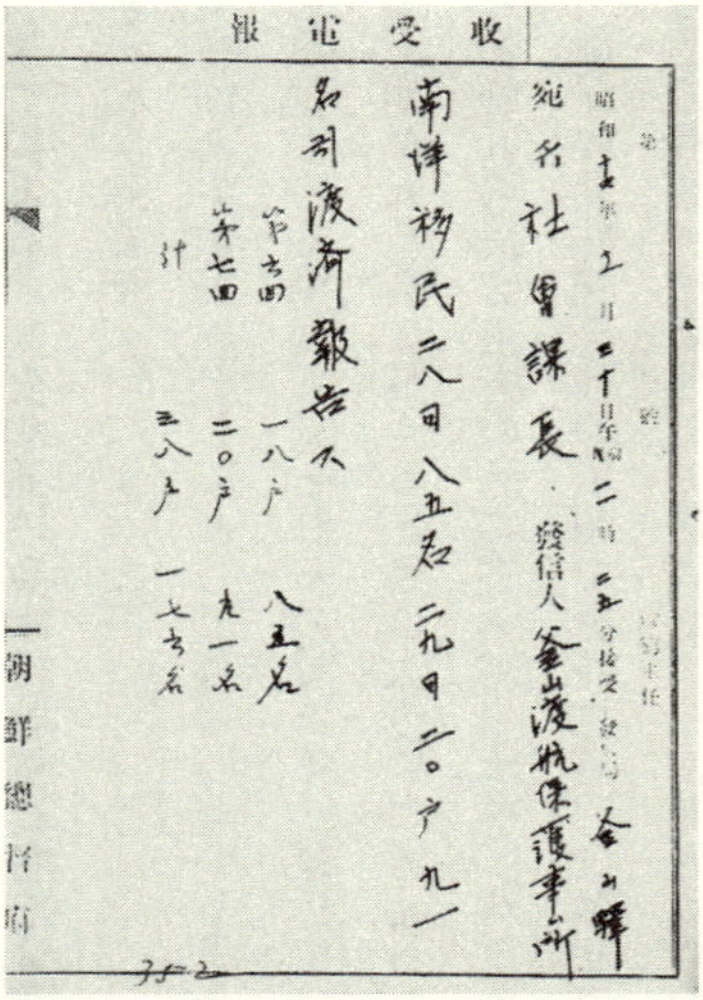
収受電報
宛名 社会課長
南洋移民二八日八五名二九日二〇戸九一名引渡済報告ス
発信人 釜山渡航保護事務所
朝鮮総督府

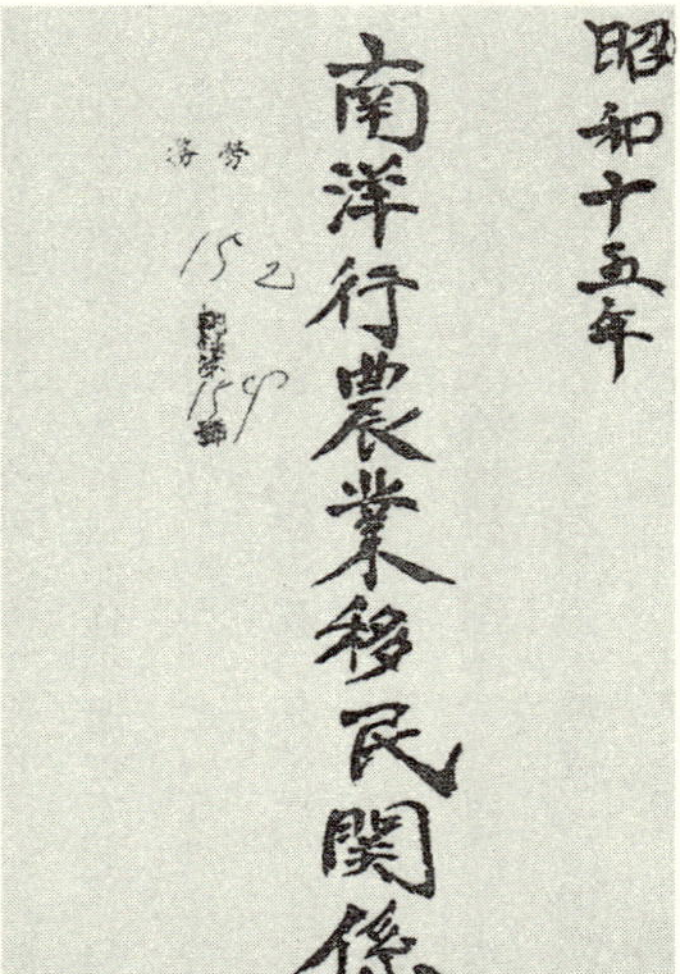
昭和十五年
南洋行農業移民関係

「南洋行農業移民関係」（1940年、韓国政府記録保存所蔵）

は二七パーセントに過ぎなかったが、日本が重視していた米を生産できる水田面積は全朝鮮の四四パーセントを占めており、生産額から見ると三九パーセントにもなる。また、面積に比較すると、総農家戸数の四二パーセントを占めている。表には含めなかったが、米以外の農業生産額のなかでも日本にとって重要であった棉の生産比率は六九パーセントにもなっていた。米の生産と棉の生産では半数近くなり、大半を占めていたのである。したがって総督府は、朝鮮南部の米などの生産性をあげられる方途と対策を練り、中部の忠清南道、忠清北道、京畿道、江原道を加えた地域を農業再編地域の対象にすれば、人口が増加しても農業生産性が低い農民の一部分を切り捨てればよいと考えたのである。これが、総督府が朝鮮南部を中心に政策移住を図った目的であった。

第９表　朝鮮南部の占める比重
（1938年現在）

総面積	5,515.951町	25%
耕地面積	1.347.591町	27%
水田	781.753町	44%
畑	565.838町	18%
農家戸数	1.293.078戸	42%
農業生産額	607.708円	39%
移出牛	32.042頭	42%

＊出典：小野寺次郎「南鮮の農業」『調査月報』朝鮮総督府1944年２月号所収

朝鮮農民が移住・離村したのは政策的に移住させただけではなく、農家経済が破綻し負債が増加したために、自作農から小作農へ、小作農から農業労働者へ転落した人々が移住し、このために社会的におきた側面もある。ここでは農家経済破綻の結果としての移住要因を考えておこう。

3　農家経済の破綻

植民地下の朝鮮では、農家は自作農が減少し小作農が増加していたことは第８表で示しておいたが、小作農家の経営も不安定であっ

1935年現在の朝鮮各道地図
(『朝鮮事情』1936年版付録
地図から作成)

た。朝鮮では収穫量の関係から、耕地面積が五反未満では生活が維持できなかったとされているが、小作農家の四三パーセントが、自小作農家の三四パーセントが五反未満の土地耕作面積であった。春窮農家の存在を示す数字に対応する耕地面積耕作者である。農家の八〇パーセントを占めていた自小作・小作農は五割を超える高率小作料であったが、小作料は一定の率で毎年の小作料を納める定租法、地主立会いで作物ができたときに小作料を決める執租法、収穫の際の稲束の数、あるいは脱穀の結果で小作料を決める場合があった。しかし、正式の小作料のほかにさまざまな形で小作料に相当する代価を支払わなければならなかった。例えば種籾代、水利のあるところでは水利代、多くの場合、肥料代金は小作人もちか半額が小作人の負担であった。収穫された米などを入れる俵も地主から買わなければならないところもあった。個別小作農家の分析の事例でも農家経営の破綻が明らかにされている。これは、印貞植「朝鮮農民の生活状況」『調査月報』一九四〇年三月号所収でも指摘されている。この月報は朝鮮総督府の刊行物で、総督府もこうした現状は認めており隠そうとはしていない。

　こうした事情に加えて、地主の意思で小作権を簡単に取り上げて小作契約を廃棄することができたのである。働き手が病気になると生活に窮するのみでなく、小作地を取り上げられ耕作できなくなり、地主から契約廃棄をされると耕す耕地を探さなければならない。朝鮮では一〇〇〇町歩を超える大地主が多く、日本人地主は支配人が、朝鮮人地主は舎音と呼ばれる管理人が権限をもち、小作権を取り上げていた。これが小作地を求めて、主に近在の村に移動する大きな要因である。また、小作人とは別に朝鮮農村には農業労働者が存在し、第3表に見られるように一一万一六三四戸にも達していた。これらの人の雇用関係は自作農や小作農上層の状況によって左右されている。年雇用や季節雇用であったために、雇用主の事情が変われば新たな雇用先を求めて移動しなければならなかったのである。こうした状況下に意識的な指導者のいる小作争議も起きたが、「自然発生的」に争議が多発するようになる。公式記録によっても一九二〇年には九件であった小作争議が、一九三五年には二万五八三四件、ピークに達した時点の一九三七年には三万一〇〇〇件にも達したのである。その後減少したが、農民の逼迫した状況を反映している。これは世界恐慌下に農産物の価格が極端に下落し、小作農民に転化された側面をもっている。負債農家が著しく増加したのは日本国内の日本人農民も同様であったが、負債額など朝鮮農民は深刻で、朝鮮人政策移民の満州開拓民は負債整理をした後に移民として送り出されている。何らかの方法で現状打開を迫られていたのである。日本国内の日本人農民は経済更生運動や農村救済土木事業などが地域ごとに実施され、それなりに効果があったが、朝鮮では部分的・名目的な方策が提示されたにすぎなかった。朝鮮農村の農家経済の破綻はきわめて深刻であり、農民たちは解決の方途を探さねばならなくなっていたのである。ここではこうした農民の典型的な状況を示す事例をあげておこう。経済的に立ちゆかなくなった農民の一部は食と食糧求めて流浪する人も多く、一家で流浪する場合もあるが、流浪する過程で離散し一人になり、旅先で死亡する人々がいた。これを行路死亡人というが、一割程度は病人の段階で「保護」されたのちに死亡している。。これらを合わせた数字が第10表である。

この死亡者の数字は朝鮮総督府の官報に掲載され、かつ朝鮮総督府統計年報に記載されているものである。この表に見られるように年代が進むに従って、いい換えれば植民地支配が進むにつれて死亡者が増加している。戦時下には毎年五〇〇〇人前後の人が亡くなり、単純に見ても一九三五年から四五年までに五万人に上る人が死亡している（ただし、一九四四、四五年になると強制連行、労働者不足から死亡者数は減少した）。この人々は官報に掲載された人たちだが、それは行政側が探しても身元のわからない場合に限られており、大概の場合は同族社会の維持されていた朝鮮の状況から見ると身元が判明していたと思われ、これ以外にも多くの人々が死亡していたと推定される。死亡した原因があげられているが、大半は餓死、栄養不良、凍死であった。冬の「京城」駅では毎日のように凍死者が出た。また、人口比で単純に比較した場合でも、日本の行路死亡人の一五倍近くになっていたと考えられる。これらの流浪した人々は地主から耕作地を貸してもらえない小作人や食を求める農業労働者であったと考えられる。こうした現象は植民地下朝鮮の農家経済破綻が農村社会でもっとも弱い立場のものにしわ寄せされて起きたものといえる。

第10表　朝鮮における行路死亡人と行路病人死亡者数

年代	死亡者	年代	死亡者	年代	死亡者
1920	2.119	1928	4.405	1936	6.283
1921	2.612	1929	4.169	1937	5.566
1922	2.061	1930	5.045	1938	4.949
1923	2.113	1931	5.068	1939	8.325
1924	2.644	1932	6.305	1940	5.397
1925	3.346	1933	5.490	1941	5.135
1926	3.515	1934	5.293	1942	6.563
1927	4.909	1935	5.755		

＊1926年までは行路病人数はプラスされていない。1926年までは善生永助「朝鮮の生活と犯罪」『朝鮮』1931年３月号、朝鮮総督府刊の「生活難に基づく諸相」を参照した。
＊1927年以降は拙著『戦時下農民の生活誌』による。

この朝鮮農村社会の経済的な破綻と人口増加圧力のなかで、農民のなかから暮らしの建直しや一時的な出稼ぎによって生活を維持していこうとする人が出るようになる。

4　職を求めて

朝鮮農民のなかで自作農、小作農中・上層の人々は、毎年のように農業が衰退をたどるなかで何とか解決の方途を考えるようになっていた。とくに世界恐慌のなかで農業が壊滅的打撃を受けた後は、出稼ぎや移住によって解決を試みる人が増加した。先にもふれたように人口増加圧力があったが、次男・三男などは新たな生活の場を求めなければならなかった。新たに自立できるだけの耕地を邑・里内では求めにくかったのである。この階層の人々は、米中心作付けと低価格の朝鮮米としての日本への移出により米価の値下がりの影響を直接受けた。これにより農家の負債は急増する。この負債の解決を図らなければならなかったのである。近在に新たな小作農地や働く場所を探すことは困難であり、朝鮮内の都市、中国東北地区、日本を出稼ぎ・移住の目標にしていた。

中国東北地区や日本に渡航したのは、朝鮮内で働く場所が十分に確保できなかったからである。大半の公務員、農業団体は日本人が中心で、また朝鮮内では工業の発展が遅れ都市工場労働者としての雇用も望めなかった。一九三〇年代の後半に、朝鮮北部工業地帯からの労働者需要が増加し始めたにすぎない。その後、戦争が拡大するなかで日本人青年の徴兵と消耗によって労働力不足になり、朝鮮内部でも朝鮮人青年、学歴のある人の職場がある程度確保できるようになったが、全体量は少なく職を得るのは困難であった。

なお、中国東北地区あるいは日本へ行くには、第一に必要だったのは旅費であり、職を得るまでの生活費が必要であった。強制連行が始まる前の移住者の多くは先行者がいて、その先行者の手引きで行く場合があった。同郷・同族的なつながりがあり、それを利用したのである。窮迫してはいたが、旅費を用意できる余裕と出稼ぎ、移住の手だてをつくる社会関係をもつことができる人々の階層が渡航してきたのである（ただし、小作農下層・農業労働者でも、親族が旅費を負担したり、就労先の日本内企業が旅費を負担して渡航してくる場合も見られる）。

日本への渡航の場合、当初は第一次大戦の好景気を背景に朝鮮から労働者を募集し、これに応募した日本生活体験者が帰国し、再び日本に働きに行くため近在の人を連れて日本に渡ることもあった。

中国東北地区への移動の場合でも、牛車に家財を積んで徒歩で中国まで行った場合が多いのである。旅費の節約であったと思われるが、長距離の旅の食費、開墾までの生活費が必要であった。

農民が都市に行って、そこで職業に就けるということはきわめて少なかった。そこには朝鮮人失業者が多かったからである。日本人失業者は二パーセント前後に過ぎなかったが、朝鮮人の場合は一〇パーセントを超える水準になっていたのである。ちなみに一九三三年の朝鮮人失業率は一〇パーセントで、前年は一二パーセント、三四年は九パーセントであったとされている（姜万吉『日帝時代貧民生活史研究』）。なお、農民はこの失業率、失業者数に加えられていない。

5　自然災害と農民

朝鮮では自然災害、すなわち旱害・水害・冷害などをたびたび受けて、被害が大きくなった。朝鮮全土一律の被害ではなく、地域的な南部・北部という場合と道別に被害があるときがある。また、寒冷な北部に米を植えたために起きた政策的な被害も多かった。自然災害と農民移動は直接的には関係のないことのように見えるが、朝鮮のような年間を通じて食糧に困窮していた農家では深刻な打撃を受けることになり、農民移動と結びつくのである。農民移動の要因の一つとなっていたと考えられる。まず、一九一〇年以降の大きな災害をあげると第11表のようになる。ここに掲げたのは自然災害の一部の水稲の被害で実際はこのほかに被害地域は狭かったものの冷害・雹害などもあり、被害も麦、豆などの各種の品種に及んでいた。

第9表の耕地面積にあるように水田は七八万一七五三町歩であったから、いかに被害が大きかったかがわかる。とくに一九三九年の災害は深刻であった。このため政策離村の一形態ともいえるが、三九年旱害を契機に総督府は、各道内で二万一一七六人、朝鮮内に三万人、日本に二万二六〇八人、合計七万三七八四人を出稼ぎに斡旋した。また「満州」には八四九戸を送り出した。そのほかにも斡旋者がいたので、一〇万人近くを総督府が直接移動・移住させている（朝鮮総督府『昭和十四年旱害誌』）。

もちろん、総督府に頼らず一般渡航者として「満州」・日本へ渡航した人々も多く、日本の場合は渡航規制を強化しなければならないほどであった。

本表に示した大災害だけでなく毎年のように災害が起きており、その一つの災害と農民の離村について

第11表　1910年以降の大災害

年代	災害の種類	水稲の七割以上被害面積	主な地域
1919	旱害	200,000	黄海道　平安南道　平安北道　京畿道
1924	旱害	134,000	京畿道　全羅南道　全羅北道
1928	旱害	214,000	京畿道　慶尚北道　黄海道
1929	旱害	112,000	全羅南道　慶尚北道　慶尚南道
1934	水害	24,500	忠清南道　忠清北道　全羅北道
1936	水害	58,435	京畿道　黄海道　平安南道
1939	旱害	693,400	朝鮮南部全般

＊各大災害の時には総督府などから災害誌が刊行されているが主にそれらによった。
＊1942年にも朝鮮南部で1939年に次ぐと考えられる旱害が起きたが被害面積など明確でないため掲載しなかった。

の記録をあげておこう。一九三二年、慶尚南道では「昨年度希有の旱害に見舞われ、極度の生活難を訴ふるもの続出し、その結果内地渡航を志すもの夥しき数に達し、十一月御大典特別警戒の終するを待ちて被阻止中の者と合してあたかも雪崩のごとく流出し十二月中の渡航者一六五八名、阻止者（地元）三三八四名に達したり」（慶尚南道警察部『高等警察要史』）としている。

こうした自然災害を契機にした離村も離村要因の一つの側面であるといえよう（自然災害については樋口雄一「植民地下朝鮮における自然災害と農民移動」を参照されたい）。

6　政治的な要因

日本の植民地支配が始まる以前から義兵闘争などで日本の抑圧に抵抗した人々は、亡命という形で主に中国東北地区、間島に移住した人々もいた。彼らの場合は経済的な行き詰まりにより移住したという側面より政治亡命的な色彩が強く、後になると労働運動家や民族的な立場から独立運動をするために移住する人も多くなった。このなかには日本に対する抵抗運動を実践する人々も現れ、力をたくわえていた。「満州国」で戦い抗日連軍に参加した人もいたが、そこでの抑圧が強くなると中国共産党と行動を共にする集団もあった。二五〇万人に達した中国東北地区移住者のうち、どの程度の割合を占めていたかについては明らかではないが、歴史的には明確に位置づけておかなければならないであろう。

以上のようなさまざまな要因によって朝鮮農村内部から朝鮮内の都市と中国東北地区、日本に渡航する人々が増加したのである。ここでは日本への渡航に的を絞って、とりあえず一九四五年までの渡航状況を把握しておこう。

第二章　日本への渡航史

近代になってからの朝鮮人の日本渡航は、一九一〇年の「韓国併合」以前から始まっていた。留学生と労働者がいたが、留学生は東京で暮らし、労働者は炭鉱などの地方の労働現場で働いていた。しかし、人数は多くなく、九州の肥薩線工事、山梨の東京電灯第二水力発電工事、京都宇治川電気工事、山陰線浜坂・香住間工事などで働いており、犠牲者もあった。しかし、ここでは朝鮮の植民地支配下の渡航史に力点を置いて述べておきたい。

一　朝鮮南部の出身者たち

日本に渡航してきた朝鮮人の出身地は大半が朝鮮南部であった。出身地別の在日朝鮮人の割合は第12表を見ても明らかなように、慶尚道が五八パーセントで圧倒的に多く、次に全羅道の二五パーセントが続く。じつに在日朝鮮人の八三パーセントは南部出身者であったのである。慶尚南道が第一位であるのは地域的には済州島の出身者の割合が高かったのである。これまで見てきたように、南部は主要人口増加地域であったし、小作農家の増加も著しいところであった。

これらの渡航者の大半は労働者となり、その出身母村は朝鮮南部の穀倉地帯の農村であったということができる。先に見たとおり、総督府支配の結果としての渡航であった。ところで、この農村の出身者たちは自由に渡航できたわけではない。農民・労働者以外の商用や学生の場合は原則として渡航が認められたが、労働を目的とした渡航については厳しく制限されていた。この過程を以下に見てみよう。

一九四二年末の時点で、中等学校以上に在学する朝鮮人は二万九四二七人に達していた。このうち一万六七八四人は東京で学んでいたから、学生の五七パーセントが東京に集中していたということになる。彼らは南部に限らず北部からも勉強にきていた。大半が地主・自作農の子弟であったが、苦学して高等教育を受けるために努力した人々も多い。また、この時期になると在日朝鮮人の子弟も高等教育を受けるようになっていた。

第12表　在日朝鮮人の出身地
（1942年12月末現在）

慶尚南道	559,552	江　原　道	21,766
慶尚北道	387,053	黄　海　道	16,991
全羅南道	287,822	平安南道	15,752
全羅北道	117,013	平安北道	10,150
忠清南道	83,280	咸鏡南道	14,861
忠清北道	58,324	咸鏡北道	11,065
京　畿　道	35,843	計	1,625,054

＊内務省警保局『社会運動の状況』1942年版による。

二　渡航政策の概要

近代になってからの日本政府の外国人労働者渡航規制は早くから実施されていたが、それは数千人規模で渡航していた中国人労働者を対象としていたもので、日本への朝鮮人の渡航は事実としては存在したものの、渡航規制の対象にはなっていなかった。一九一〇年以前にも朝鮮人労働者が渡航し働いていたが、小規模の場合が多く、炭鉱などでは一〇〇人を超える程度の人数であったとされている。しかし、実質的には「韓国併合の結果朝鮮人に対しては明治三十二年七月当省令第三二号宿泊届その他の件中、外国人に関する規定は適用無之ことに相成候」（「朝鮮人戸口職業別人員表の件　明治四十三年九月八日　警保局長」）としているように、日本国内朝鮮人管理は行っていたとも考えられる。

「韓国併合」以降は朝鮮総督府によって渡航労働者の渡航管理が実施されるが、それは在日朝鮮人人口が一万人を超えた一九一七年から整備され、一九一八年一月に朝鮮総督府令第六号「労働者募集取締規則」を管内に通牒したことに示されている（水野直樹「朝鮮総督府の『内地』渡航管理政策」）。

ところが朝鮮人労働者募集規則が通牒された一年後の一九一九年三月一日に三・一独立運動が起きた。この運動は朝鮮人の日本渡航に決定的な影響を及ぼすことになった。運動の広がりを恐れた総督府は、同年四月十九日に警務総監部令第三号「朝鮮人の旅行取締に関する件」を通牒したのである。この通牒の要点は、朝鮮外に旅行するとき居住地所轄警察署、警察官駐在所に目的・旅行地を届けた渡航証明を出さなければならず、朝鮮内に帰るときも前記証明書を警察官に提示しなければならなくなったのである。この時点から一九四五年まで渡航証明制度は形式的に短期間一時廃止されるが継続していき、在日朝鮮人管理の柱になっていく。以降の経過を渡航制限に関する通牒などを除いて年表的にまとめておこう。

一九二二・十二　警務総監部令第三号廃止（総督府令一五三号）

一九二三・　九　同上令復活（関東大震災発生のため）

一九二四・　六　同上令廃止
一九二七・　七　総督府各道知事に渡航阻止と渡航者に戸籍謄本裏書証明書発給に関する件を通牒
一九二九・　八　渡航朝鮮人労働者の証明に関する件通牒、在日朝鮮人の一時「帰鮮」証明制度実施
一九三二・　十　渡航朝鮮人すべてに警察の発給する証明が必要となる
一九三四・　八　渡航朝鮮人学生身分証明書に写真を貼ることが義務づけられる。
一九三六・　五　朝鮮人官吏、新聞記者に一年間有効の身分証明書発給

以上に見るように、朝鮮人に対しては警務総監部令が廃止された後も「法規上施行する朝鮮人内地渡航は自由になったが事実において渡航証明制度は継続され、現今なお渡航に要する手続きは相当厳重に行われ、殆ど渡航が不可能な状態まで立至って」いたのである（東京府「在京朝鮮人労働者の現状」）。渡航証明制度は、朝鮮人が日本人とされながらも、朝鮮人のすべてが対象となり、労働目的の人々に限らず学生や知識人などすべての人々が何らかの証明書を要求されたのである。こうした渡航管理を実施したのは、渡航者の著しい増加にあった。日本政府は日本国内の治安上の理由と昭和恐慌以降の失業者の増加を理由に、厳しい渡航規制を行ったのである。

三　渡航阻止政策

具体的な渡航阻止政策が展開されたのは一九二五年十月からであった。同年八月に内務大臣が総督府に

関釜連絡船・昌慶丸（1935年）

対して渡航制限を要望し、これに答える形で実施されたのである。この要望は、①就職口確実ならざるもの、②準備金百円未満のもの、③国語に通ぜざるものという内容であったが、総督府では就職口の確実でないものについての渡航阻止をすることになった。具体的には釜山で警察官一〇名で旅行証明の有無などの朝鮮人監視体制を整え、渡航阻止を始めた。一九三一年からは航路の開設もあり、麗水でも渡航阻止が開始された。この警察官による監視・渡航阻止は一九四五年まで継続され、その検査は厳しく、朝鮮人は日本人と別に並ばされて検査を受けなければならなかった。とくに釜山での取締まりは厳しく、一九二九年前後には釜山水上署では警察官が渡航者に出航二時間前から証明書の点検、目的地などを聞いて口頭調書を作成する質問を行い、さらに入船するときに署員が本人確認をするという手順であった。このときの警察官の態度は、朝鮮人にとっては日本国内に行くための最初の屈辱的な体験をする場所となった。こうした規制は労働を目的にした人々を対象にしていたが、後には学生などすべての朝鮮人に行われた。どのくらいの人が渡航を阻止されたのであろうか。第13表は済州島からの渡航者は含まれていないが、一つの目安として参考になる。このほかの朝鮮人の渡航地・航路として木浦・清津などがあった。それらからの渡航は少ないとは思われるが、それなりの渡航者があった。だが、統計的には確認できない。

本表に見られるように、一九二九年には極端に渡航者が少なくなっているが、それは昭和恐慌が始まり

第13表　釜山・麗水港における朝鮮人渡航阻止数

年	阻止人数	地元渡航出願数	地元諭止数
1925	3,774		
1926	21,407		
1927	58,296		
1928	47,296		
1929	9,405		
1930	2,566		
1931	3,955		
1932	2,980		
1933	3,396	300,053	169,121
1934	4,317	294,947	188,600
1935	3,227	200,656	135,528
1936	113,714	161,477	87,070
1937	121,882	130,430	71,559
1938	164,923	129,207	70,402
1939	284,726		
1940	334,168		
1941	225,643		
1942	334,565		
1943	401,059		
1944	403,737		
1945	121,101		

＊坪江汕二『在日本朝鮮人概況』厳南堂（1965）による。渡航者数など一部省略した。
＊この統計は同一の方法で調査されていたかは確定できない。出願者、地元諭止者については統計として調査された期間が短かったが、重要な指標と思われ資料のまま掲載した。

朝鮮からの新たな労働者を採用することを政府が禁止したこと、したがって日本国内の事業者が渡航証明を発給しなかったことによる。また、この年から朝鮮内の駐在所で渡航証明を発行しなかったことがこうした数字になっている。一九二八年四月に内務省は地方長官に対して渡航朝鮮人採用制限に関する通牒を、一九二九年十二月には内務省・拓務省と総督府が協議して朝鮮の地元渡航阻止を決定している。一九三〇年には偽造を防ぐために「一時帰鮮証明書」に打抜用スタンプを押すことにしたり、一九三二年には「密航」を防ぐために日本近海で漁業をする朝鮮人に身分証明書を所持させたりした。

基本的な方針としては朝鮮各道警察と管下の駐在所で渡航を阻止することとなった。その後もこの方針は継続・強化されて、一九三四年に渡航制限の基本政策ともいうべき「朝鮮人内地移住対策の件」が閣議決定された。日本に渡航制限を加え、「満州」移民を奨励するという趣旨である。釜山などでは阻止数が少なくなっていたが、これは地元の警察官が証明を出さなかったからである。統計がつかめる年代のみの数字であるが、一九三三年から三八年にかけては地元出願者が三〇万人を超え、諭止者も一〇万人を超えている年がきわめて多くなっている。実際の渡航者より渡航希望者のほうが多いときもあったのである。

もう一つの特徴は、国家総動員法が適用され、いわゆる強制連行が開始された一九三九年から、自主渡航を阻止された人々が、この年以降は二〇万人を超えているのであり、それが一九四四年度まで継続している。さまざまな動機が考えられるが、この時期は強制連行の募集期であり、働く場所があると思い渡航しようと思った人がいたことが第一の理由であろう。いずれにしても膨大な人々が渡航を認められなかったが、やはり当局は自由渡航のもつ治安対策上の朝鮮人に対する不信、「無秩序」な自由労働者が日本労働市場にもたらすと思われた混乱を危惧したものと思われる。また朝鮮総督府は、農民の無秩序な移動は朝鮮の基幹産業である農業生産に影響があると考え、朝鮮内部でも拡大していた工業生産の労働者不足ももたらすとも考えられていた。一定の階層に属する統制ある労働者以外は、日本政府は渡航を認めなかったのである。

在日朝鮮人の形成過程を論ずる場合、あまりにも朝鮮人が自由に、あるいは勝手に日本に渡航してきたかのように表現している文書が多いが、基本的には日本政府の認めた範囲で、その必要に応じて朝鮮人の渡航が認められていた点を確認しておくべきであろう。

一方、朝鮮農村内部の農民状況から見て移動希望が多かったことも認めなければならない。これらの日本への渡航希望者はさまざまな方法で日本渡航を試みるようになり、日本側ではそれを密航と呼んでいる。日本人とされた朝鮮人が日本国内に渡航するのが、手段が所定の手続きを経ないから「密航」、あるいは「不正渡航」とされたのである（こうした朝鮮人の渡航を「密航」「不正渡航」という用語で表現することはふさわしくないが、歴史的な用語としてこのまま使用する）。

四　「密航」「不正渡航」

一九二五年から渡航制限が始まり、一九三一年三月末までの密航者は五五六件、三八三九人であった。

若干の差があるが、その後の密航者数を上げておこう。（第14表）

一九三二年以前を合わせると四万名以上になる。とくに強制連行の始まった一九三九年からは増加するが、朝鮮人に対する取締りの強化があり、こうした結果になっている。発見されずに無事に渡航できた人々はさらに多かったと考えられる。

なお、渡航取締りは日本側だけでなく釜山でも実施され、「密航」しようとした人は逮捕されたり、ブローカーが取締りの対象になっている。

ところで、この発見され拘束された渡航者達はどう処遇されたのであろうか。一九三九年の場合は次のように「処置」されている（第15表）。

第14表　「密航」朝鮮人発見数

年代	人数	年代	人数
1932	1,277	1938	4,357
1933	1,560	1939	7,400
1934	2,297	1940	5,885
1935	1,781	1941	4,705
1936	1,887	1942	4,810
1937	2,322	計	38,181

＊『社会運動の状況』各年版から作成
＊日本国内各県で不正渡航が発見された数をまとめたもの。朝鮮に近い県が多い。

本表でもっとも注目したいのは送還者が大半を占めることである。九四パーセントの人々が送還されているのである。強制送還以外のなにものでもなかった。こうした処遇に対して朝鮮総督府ですら、一九三八年十一月付きで、取り締る警察を担当する内務省に出した要望中の一項に「密航者といえども発見当時、相当の年月を経過し、業務に就業しある者に対しては朝鮮送還を差控えられたきこと、尚、之が取扱いに就いても一般犯罪人と同一視し苛酷に亘るが如きこと無きよう取りははかられたきこと」としているのである。総督府は朝鮮人も日本人であり、内鮮一体であると説いている建前上、「日本人」が日本国内でどこにでも住む権利のあることを前提にしているにすぎないが、朝鮮人に対しては日本の警察の取調べがきわめて苛酷であることを知っており、朝鮮支配の必要から処遇改善を要望しているのである。

一方、渡航した朝鮮人は当然帰国するものも多かった。

五　朝鮮人の往来

在日朝鮮人の朝鮮との往来はかなり頻繁に行われており、出身地との交流はさかんであった。在日朝鮮人が帰国するのは、①冠婚葬祭や年始などにどうしても帰国する必要があったこと、②渡航はできたけれども就業できなかった者、あるいは病気になった場合など、③強制送還される場合――社会主義運動・労働運動を行った者や「不正渡航者」、生活困窮者で保護を受けた者、などであった。もちろん、一定金額を稼ぐことができて帰国した人もいる。

第15表　「不正」渡航朝鮮人調（1939年中）

発見人員計		7,400
渡航目的	労働	7,079
	その他	321
渡航方法	密航ブローカーによる発動機船	5,432
	証明書不正使用	897
	船舶潜入	174
	脱船	295
	「内地人偽装」	126
	その他	476
処　置	送還	6,985
	目的地にむかわしむ	166
	その他	339

＊内務省『社会運動の状況』1939年版による。

こうした理由で朝鮮人が朝鮮に帰国する場合、先にもふれたように「一時帰鮮証明書」が必要であった。一九三九年の場合、発給数は八万二五八六件にも達していた。日本国内の警察官の発行するこの証明書がないと帰国できなかったのである。この証明がない者は再渡航ができなくなる可能性があり、再渡航者は必ず証明を貰わなければならなかった。このため発給権のある警察官の権限は強く、生活まで立ち入る要素となったりした。とくに協和会が全国に成立し、在日朝鮮人が協和会に組織されるようになると、この証明書の発給権の存在は、戦時下の朝鮮人統制にとって果たした役割は大きかったと思われる。

朝鮮人が冠婚葬祭で一時帰国するのは、多くの場合親族の祭事に関することであった。朝鮮人にとって父母の祭事（チェサ）を行わなかったり、親族の死亡などの場合には必ず出席しなければならず、都合をつけて帰国したのである。

渡航はできたけれども就業できず、病気になったものは帰国せざるを得なかった具体例をあげると、慶尚南道河東郡花開面出身の河泳基（二十七歳）は一ヵ月にわたり職を求めて山口・島根・大阪を回ったが、渡航したときにもっていた六〇円を使い果たし、郷里から二〇円を送金して貰い帰国できたが、帰国時には八円の所持金しかなかったとされている。同道居昌郡加西面出身の金亥植（二十五歳）は愛知県で働いていたが、労働中に負傷して労働不能になり、やはり郷里から二〇円の送金を受け一ヵ月ほどで帰国せざるを得なくなった。帰国したときは無一文になっていた（慶尚南道警察部「内地出稼鮮人労働者状態調査」付録資料）。

日本に渡航したものの職を得て預金できた者は少なく、大半の人々は所持金を使い果たして帰国しなければならなかった。また、慣れない風土ときつい労働で病気になり、帰国する者も多かった。前掲の慶尚南道警察部の調査では、調査対象帰国者一五三四名の帰国理由は失業四・五パーセント、病気一五パーセント、家事都合四〇パーセント、一時帰国三二パーセント、その他八パーセントとなっている。一時帰国者の三〇パーセントが一定の職があった者と思われる。その後、恐慌が深刻になると朝鮮人の就業はいっそう困難になった。

また、官憲は日本国内居住者で「危険」と思われた者に対しては、ただちに朝鮮へ強制送還していた。前掲一九三八年の朝鮮総督府の日本の内務省に対する要望に次の一項目がある。「内地在留者の所謂不良朝鮮人の朝鮮人送還を差控え内地在留者は内地当局に於いて之が教化指導に努めらるること」としている。植民地領有国国内の植民地民衆に対する処遇の基本的な態度について、問題を指摘されているという側面もある。国内治安対策が優先されたのである。こうした処遇はその後もやむことなく、一九四二年に実施された朝鮮人のすべてが所持を義務づけられていた協和会会員証の無所持者一斉調査が実施されたが、強制連行労働者を含めて一七二一名が送還されている。強制連行労働者に限ってみても、一九四三年十二月末現在で「不良送還者数」は六八七〇人に達している（内務省『特高月報』一九四四年二月号）。

こうした朝鮮人の帰国と再渡航は頻繁に行われ、一九四五年までの在日朝鮮人の朝鮮との結びつきはきわめて強かったといえるのである。それが四五年以前の在日朝鮮人社会を規定する重要な要因になっていたのである。

なお、渡航してきた朝鮮人農民の出身階層は、中層の下に位置する人々が中心であった。それは、旅費が用意できること、親族の紹介など手づるが必要なこと、警察官から渡航証明を得ることができること、といった条件から小作農民下層ではなく、自小作農民や没落しつつある自作農などが生活のたてなおしのために渡航したという側面が強いのである。

第三章　在日朝鮮人社会の成立

一九一〇年の「韓国併合」以降、在日朝鮮人は微増を続けるが、在日朝鮮人社会が成立したといえるのは総数が一万人を超えた時点、あるいは朝鮮人集住地域が形成され、それらが一定の広がりをもった時点、すなわち一九一七年以降であったといえよう。在日朝鮮人社会とは在日朝鮮人が一定の期間日本にとどまって労働し、生活を地域社会のなかで行い、相互に連絡を取り合い集住地域を形成している状況と規定できるであろう。すでにこの時期には異文化をもつ外国人社会は、横浜・神戸などには居留地を中心に中国人社会が成立していたが、基本的には外国人の故をもって居留地以外には広がらなかった。朝鮮人の場合は新たに一九一〇年以降に日本の植民地民衆とされたという点が基本的な違いであり、それ以降、日本国民とされた在日朝鮮人社会は全国に展開していくのである。こうした視点に立ちながら在日朝鮮人社会の成立について基本的な側面のいくつかを検証しておこう。

一　在日朝鮮人人口の増加

一九一七年、在日朝鮮人が一万四五〇〇人前後となった。この年以降、この人口は一九四四年まで著しい増加基調にあり、一九一四年と一九二六年に前年比で見るとわずかの減少を見るが、あとはすべての年に増加しているのである。なお一九四五年は、渡航手段の船舶の不足、帰国者の増加、四五年八月十五日までの渡航数であることから、前年に比較すると減少している。第16表に示した初期渡航者について見ても、一九一七年には一九一一年と比較すると五倍以上になるのである（巻末の在日朝鮮人人口を参照）。

一九一七年、どうして一挙に増加したのであろうか。理由は第一次大戦下の好況を反映した資本家たちの低賃金労働者獲得要求であった。一九一七年の新聞には「鮮人労働者需要　内地各工場に於いて使用する鮮人労働者の需要は昨今ますます増加の趨勢を呈し、警務総監部又は各道警察部に対し之が募集許可の申請をなしたる者は本年一月以降六月迄に総数二十一件にして募集人員男工四二二〇人、女工二二三七〇人合計六五九〇人に達せるが右の内既に募集輸送を了せるもの男女工約三千人に上わり」としている（『満州日日新聞』一九一七年七月七日付『新聞記事資料集成労働編』第一巻所収）。

第16表　初期在日朝鮮人増加状況

年代	在住朝鮮人人口
1911	2,527（100%）
1912	3,171（125）
1913	3,635（144）
1914	3,542（140）
1915	3,917（155）
1916	5,624（222）
1917	14,502（574）
1918	22,411（887）
1919	26,605（1050）
1920	31,720（1260）

＊『在日朝鮮人概況』1920年から
＊（ ）内は1911年を100とした割合

地域的には大阪府が二三三五人でもっとも多く、一〇〇〇人以上居住していたのは北海道、兵庫県、福岡県であった。これらの人々の多くは大企業の募集人が賃金・労働条件などを実際よりよいと宣伝し募集した場合が多く、悪い条件がわかり、すぐ辞めた人も多かったと報じられている。一九一七年一月から六月までに総督府の許可を受け実際渡航し、集団で働いていたのは一六ヵ所、三三六五人であった（『朝鮮公論』第五巻一〇号「内地における労働朝鮮人の現状」）。

また、このころから個人で働きに渡航してくる人もあり、こうした人々によって次第に朝鮮人の集住する地域が形成されてくるようになる。この時期の朝鮮人社会の形成をその暮らしぶりから検証してみよう。

この時期の在日朝鮮人は、①ほとんどの人々が日本語を話せなかったこと、②地理や職種、日本の社会慣行に不案内であること、③採用形態から集団生活が多く、寮・「飯場」、労働下宿などが生活の舞台になっていた、④受け入れる日本人社会の差別が厳しかったこと、などの条件下に日本国内での暮らしが始まっていた。大阪では船が着くたびに一〇～二〇人が上陸し、難波・九条・福島辺りに暮らし、親方兼下宿屋といった「朝鮮先住者の先輩の家に身を寄せて狭苦しい家に二〇人・三〇人同居し……工場が多いだけに集まりやすいのは難波である。下宿屋兼親方もこの方面には大規模なのがあって……洪元□方は二階建ての長屋で階下が四畳半に三畳二間である。尚、階下には行商人の為飴の製造場があるが驚くなかれこの小さな家に住まっている朝鮮人が三四人である」と大阪朝日新聞では一九一七年十二月十二日付けでルポを掲載している。

このような労働者の家はほかにも紹介されており、初期の在日朝鮮人の様子をよく示している。こうした生活のなかでは朝鮮人の親方が朝鮮人社会の中心的な役割をはたし、そこに同族・同郷の者が集まって社会集団をつくっていた。ここでは朝鮮語がわかれば暮らせたし、たとえ病気になっても失業しても、相談できる場所になっていた。朝鮮飴売りの人々は各地を回り、朝鮮人住宅の存在も知っており朝鮮人社会の情報の交流も存在した。この時期は面的な広がりをもった朝鮮人集住地区が成立していたとはいえないが、単身・出稼ぎ型の朝鮮人社会が成立していたということはできよう。また、この時期の在日朝鮮人社会の特徴は、工場などで採用するときから同郷・同族者を集め、職場内の組をつくるときも同郷者に組長をさせるなどの労務管理の方法が提示されており、こうしたことからも同郷者の集団行動様式が在日生活を支えるという側面をもっていた。

この時期の在日朝鮮人の生活文化の様子を知る資料は少ないが、一九一八年には福岡県門司や下関では朝鮮人集住地区が成立しており、「生活状態は朝鮮村を内地に移したような体裁で門司では白木崎から子森辺りにかけ、下関では丸山町の光明寺山や桜山付近に部落をつくって極端な不潔と質素な生活をやっているが中には人夫請負業者の家に同居しているものもある」という大阪朝日新聞の記事がある（一九一九年三月二十四日付）。

この新聞記事では、こうした朝鮮人の暮らしについて「極端な不潔と朝鮮丸出の日常の行為には付近に住む内地人に一種の不快と嫌悪の情を生ぜせしむるものが少なくない」と評価し、「朝鮮服の着通し」であったと述べている。

ここに初期朝鮮人社会についての日本人の受け止め方の一端が示されているといえよう。先の記事で

「朝鮮村を内地に移したような体裁」はその後、一九四五年までの朝鮮人集住地区の特徴として描かれる場合が多いが、それ自身、すなわち朝鮮人は朝鮮の習俗生活を維持していたことであり、朝鮮人にとっては当然の民族文化の保持であり、生活条件は悪くなったものの以前の生活慣行を守っていたにすぎない。日本人側は、日本人と違う民族であるという異質を認め尊重する姿勢が存在しなかったことから、それを認めがたい存在として受け止めていたのである。先の記事の後半には朝鮮村を内地に移したような集住地について「米国あたりで日本労働者が排斥を喰ふのも定めしこんなお郷丸出しの生活ぶりがあずかってあまりあるのだろうと思うと母国と植民地だけに何とかしてこの内地人の不快に嫌忌の情の取れるような生活状態に同化せしめたい気がしてならぬ」生活ぶりであると日本人記者は書いている。あたかも恵みを与えるかのような「同化せしめたい」とする植民地領有国民特有の思考が在日朝鮮人を見るなかで育っているのである。日本人のなかに在日朝鮮人に対する同化基調が、在日朝鮮人社会の成立と時を同じくして始まっていたと見てもよい。

また、この年、在日朝鮮人を巡る二つの象徴的な事件が起きている。一つは民族的な軋轢ともいうべき紛争で、もう一つは賃金差別などに象徴される労働争議である。この二つの要因は相互に関連していたが、在日朝鮮人社会のなかで位置づけると二つに分けて整理したほうが実態が見えてくる。以後の日本社会における在日朝鮮人をめぐる社会的な矛盾の方向性を示しているので、一九一七年に起きた事件の概要を中心に紹介しておこう。

一九一七年六月、北海道夕張若鍋炭鉱では「坑内係員の不親切と言語問題」から一六五名が仕事をせずにストライキ状態になった。このときは収束されたものの、十六日になって酒に酔った日本人と朝鮮人労働者が喧嘩になり、これをきっかけに日本人労働者、地域の消防団員など村民五〇〇人が朝鮮人労働者と対立して「大闘争」となったのである。この事件は北海タイムスなどにも掲載された。民族的な対立の様相を示したのである。きっかけはともかく、こうした民族的な対立はその後の朝鮮人の働くところではいたるところで見られるようになる。とくに一九二六年一月には、三重県木本町トンネル土木工事現場で働いていた朝鮮人労働者が殺害され、それを契機に朝鮮人労働者と地域の消防団員、在郷軍人など町民全体が朝鮮人と対立、一触即発の危機を迎えるという事件も起きている。民族的な差別賃金に加えて、諸差別に対する朝鮮人の反発と日本人側の差別的な処遇と発言が対立の原因となった。

労働争議の側面をもつ争議として、一九一七年八月十五～十六日に行われた神奈川県国府津と小田原間に敷設される鉄道工事に雇われた朝鮮人労働者のストライキがある。朝鮮人労働者一二〇名は、雨天の日の賃金を支払うことや傷病者救済などを要求して十五日にストライキに入った。これは、契約では雨天の場合でも賃金を支給するという約束であったにもかかわらず、数日前の雨天日の賃金を支払わなかったために起きた。ストライキは十六日に小田原警察署長が「鎮撫」して、帰国時に一〇〇日以上働いたものには旅費を支払うことを条件に解決した。もともと朝鮮人労働者の賃金は安く押さえられていたから不満が爆発したものと思われる。こうした労働争議は以後次第に増加していくのである。

在日朝鮮人社会が成立したと思われる一九一七年には、日本側の在日朝鮮人同化志向、民族的差別とそれに対する朝鮮人側の争議が展開されていた。一九一七年前後を在日朝鮮人社会が成立した年と見てもよいであろう。

二　居住地域の広がり

在日朝鮮人は渡航直後から、一つの県や地域に集中することなく全国に展開していた。在住人数は少ないものの、一九一五年十二月末には沖縄県を除く全都道府県に一時的にせよ在住していた。そして、一九一七年十二月末には沖縄県にもわずか二名ではあるが朝鮮人が居住していたのである。この時期は定住地が形成されつつあったものの、職業は圧倒的に労働者が多く、彼らは募集に応じてきた場合もあり移動性が高かったのである。したがって、一九一五年には東京（五四九人、うち学生が三六二人）、福岡（五四七人）、山口（四九四人）、大阪（三九九人）、長崎（三五八人）、兵庫（二一八人）という順位になっていたが、一九一七年には第一位に大阪がなり、以下の順位も大きく変化している。第一位が大阪で（二二三五人）、以下、北海道（一七〇六人）、兵庫（一六二四人）、福岡（一三八六人）、広島（九二八人）、東京（九一八人）、山口（七七八人）の順になっている。しかしながら、一九一七年に朝鮮人の多かった府県は、以降も多数の朝鮮人の住む地域になっていく。大阪は中小工業労働者の町として、兵庫は土木・工業労働者、北海道は炭鉱労働者、山口は下関など渡航の玄関口として、東京は労働者・学生などの居住地として、福岡は炭鉱・土木労働者の就業先が存在し、在住人口が拡大していった。大別すれば①炭鉱・鉱山地域、②工場地帯、③土木工事現場を中心に居住地が広がっていくのである。大都市以外の各県は土木労働現場が大半であった。それぞれの地域で特徴をもった職域で仕事を始めていく。炭鉱労働者はもちろん、京都の西陣、瀬戸の陶器工場、大阪・神戸のゴム工業、各地の沖仲士など職域を広げていくのである。在日朝鮮人は日本社会のなかで労働者として、その居住人口を増大させていくのが基本的な側面であった。このように日本に渡航した朝鮮人の大半は労働者として暮らしていくが、九州など一部では朝鮮人を農業労働者や小作人として採用するところもあった。

なお、後のことになるが、大阪府は朝鮮人が居住する都市としては朝鮮の「京城」につぐ朝鮮第二位の四一万人余（一九四二年末）の人口が集中する街になる。大阪府、山口県、福岡県などでは地域によっては朝鮮人の比重が著しく高くなるところもあった。それは小学校の在学者数にも反映し、朝鮮人生徒が多い学校が生まれるのである。一九四三年三月の朝鮮人居住町村は、樺太を含めているが全町村数一万八七六町村のうち、朝鮮人が住んでいる町村はじつに七〇〇〇町村に達していた。六四パーセントの日本国内市町村地域に朝鮮人が住んでいたのである。ただ、この数字は司法省民事局調査で、徴兵のために市町村の在住者を調査したものである。したがって、男子のみが調査対象になっている。在日朝鮮人女性が単独で町村で暮らしていた事例もあるだろうが、きわめて少数であると思われるので基本的な数字としては正しいと考えられる。このように日本の主要町村には朝鮮人が居住していた。日本人であるとされていたが、実際は異文化をもった他民族が日本のほとんどの地域の構成員として、日常的に日本人と暮らすこととなったのである。

他民族を迎え入れる地域の日本人社会も一定の視点・感情をもって接することになったが、多数派民族の日本人より少数の朝鮮人から見れば、大きな緊張感をもって暮らしていかなければならなかったという側面が生まれたのである。この緊張関係は日本の植民地支配を背景としてもっており、朝鮮人は被抑圧民族としての立場を日本国内で暮らす場合も継続させられていた。そういうなかでの朝鮮人居住区の広がりであった。

朝鮮人人口が増大するにつれて朝鮮人の集住地区が成立していくのであるが、朝鮮人はそれぞれの地域で職がなければ移動し、職の確保ができた場合にはそこに定住するようになっていく。土地に拘束されることなく自由に移動したのである。農民であった朝鮮人は、農地という土地と無関係に労働力を提供し、賃金を得る労働者としての性格をもつに至っていたのである。朝鮮でも日本でも、職を新たに得ることは困難であったから、職が保証されれば定住するようになっていく。あるいは定住した後に、そこを拠点に職を見つけるようになる。こうして日本国内の主要都市には朝鮮人集住地区が成立していくのである。

三　集住地区の形成

朝鮮人は日本渡航と同時に言葉と職業とともにもっとも困ることがあった。それは、集団的に採用される炭鉱・土木作業所など住宅がある会社の場合を除けば、住宅の確保ができなかったことである。職を求めて移動して職を見つけられたとしても、住宅は保証されない場合が多かった。とくに都市居住者の場合は日本人労働者の場合も住宅の確保は困難であり、各工業を中心とした都市には「不良住宅地区」が形成されるなど、住宅不足が深刻な社会問題になっていたのである。大阪市内では一九二一年には五万二〇八〇戸が不足していると市の統計には示されている。朝鮮人の場合はさらに深刻であったが、その理由の第一は、日本人家主が朝鮮人にはけっして家を貸さなかったためである。家を汚すとか、家賃を納めない、契約人員以外に大勢で住むなどの理由である。この結果、朝鮮人は住むことのできたところにまとまって住むことが多くなった。朝鮮人数がもっとも多かった大阪の集住の様子を取り上げてみよう。大阪府の岸和田紡績には一九一七年から朝鮮人女性が働いていたが、やがて男子工員も働くようになる。彼らは社宅に住んでいたが、そこに朝鮮人が集まるようになり、やがて「朝鮮町」と呼ばれる集住地区となった。一九二二年頃にはそう呼ばれていたとされているが、この頃になると大阪で三〇人以上を使用していた工場は、紡績工場の一六ヵ所を筆頭に三三ヵ所になっていた。朝鮮人集住地区はこの工場の周りにできた。大阪西成郡鷺州町の兼頭市場は、市場としては失敗し空家になっていたところに朝鮮人が住み始めた。この市場跡に住んだのはすべて済州島の出身者であったと報告されている。大阪における集住地区数などを編年して第17表として紹介しておこう。

こうした集住地区は全国の主要都市に成立していくが、大阪以外でも同様な状態であった。

第17表　大阪における朝鮮人集住地区数と居住人員概数の推移

年代	集住地区数	戸数	居住人員	出典
1924	3	55	196	「京阪神地方における朝鮮人労働者」
1926	7	121	561	「バラック居住朝鮮人の労働と生活」
1928	24	882	8,776	「本市における朝鮮人の生活概況」
1929	39	1,328	11,927	「本市における朝鮮人の住宅問題」
1930	139			「在住朝鮮人問題とその対策」

＊1930年の集住地区数は50戸以上の数、戸数・人員は明らかでない。数え方によって地区数が違う。1930年の数字は大阪府全体で市内だけではない。
＊出典の資料はいずれも行政刊行物。
＊実質的な居住人員はさらに多かったと推定される。

具体的な事例をあげると次のようになるが、これは官庁報告書による資料で、実際にはもっと多くの人々が住んでいたと考えられる。

・京都市中京区壬生神明町には、一九二五年前後にもと辻紡績で働いていた朝鮮人の住宅であったところに住み続け、一九三五年前後にも二八戸一八四人が住んでいた。

・東京荒川区三河島町には、関東大震災以降から付近工場に就労する朝鮮人が三五〇世帯、七〇〇〇余人が住んでおり、俗称「トンネル長屋」と呼ばれていた。

・横浜市中区宮川町では、関東大震災の翌年から土木業者の立てた三戸を中心に自力で住宅を建て始め、一九三五年頃には四五戸、二三〇人が住む朝鮮人の集住地区が成立していた。

こうした集住地区は山口県下関の東大坪町など各地に存在したが、この成立要因をまとめてみると、

①雇用された会社の社宅、寮および作業所宿舎にその後も住み続け集住地区が形成される場合。

②土地の所有者が明確でない低地、湿地、河川敷、崖下などに自

力で仮小屋を建てて住み始めていく。

③日本人が住まなくなった空家、工場跡、古い家などに住み始める場合。どのケースでも建物は独自に改造、建て増していき大勢で住めるようにする。

④アパート・長屋などを借りられると、そこを拠点に広がっていく。朝鮮人が入居すると出て行く日本人もおり、次第に朝鮮人集落となっていく。

これら集住地区は、当初から住宅としての条件が悪かった。自力で家を建てたり家そのものが条件の悪い場合が多かったうえ、水道・排水・下水・道路などの住宅条件もきわめて悪く、大半が不良住宅と規定されるような住宅群であった。だが、条件が悪くともほかに住宅を入手する手立てがなかったのである。住む場所の確保が困難なために、朝鮮人たちはやむを得ず条件が悪いところでも集住するようになったが、基本的には「家」を確保できなかったのである。安い住宅を入手したいという希望もあったが、正式な形で家を借りることができたのは稀なことであったと思われる。日本人家主は「家主同盟」までつくり朝鮮人に家を貸さなかったと記録（大阪市『本市における朝鮮人住宅問題』）されているほどである。朝鮮人住宅差別が徹底していた時期のことであるが、現在でも同様な事件が報じられている点は注目されなければならないであろう。

このほかの要因としては、日本人と比較すると六割前後にしかならないという賃金格差が存在し、住宅を借りる資力が乏しいため、多人数で補いながら一軒の家に住む結果となったこと、さらに日本政府はこれらの在日朝鮮人に何の住宅の保証もしなかったためである。山口県にできた昭和館、大阪各地の隣保館、横浜川崎の社会館などでは一時宿泊することはできたが、短期間であり住宅の保証まではできなかったのである。この時期の政府・地方行政機関の朝鮮人保護救済とは、生活できなくなった人を朝鮮に送還する程度であった。

第四章　在日朝鮮人の暮らし

一　衣・食・住

在日朝鮮人の歴史をできるだけ広い視点から描きなおしたいと思うと、生活実態のなかで考えていかねばならないであろう。こうした意味での研究は、これまで部分的に存在するにすぎないため、以下に朝鮮人の生活にとって重要な要素であった衣食住について、歴史的な足跡を日本社会との接点を中心に概要を述べておこう。それは相互に関係しているのであるが、もっとも深刻であった食の問題から見てみよう

1　食

朝鮮人が渡航してきて、まず苦痛を感じるものの一つに食事が口になれずに困ったという感想がある。それは渡航時期や渡航し住むことになった場所によって大きく違ったと思われる。工場の寄宿舎、日本人の土木作業所、炭住などに住んだ場合は、朝鮮食と関係のない麦飯に沢庵、みそ汁がつく程度であり、戦前期の日本人労働者の食生活と大差のないものであった。しかし、それらの食事は初めて食べるものであり、量も少なく単調なもので、彼らの重労働から見ると不足しがちのものであった。慣れない労働と相ま

って病気になる人もいた。当時の炭坑・紡績工場の重労働は知られているが、土木作業の場合も長時間の肉体労働であり、朝鮮人労働者の就労が多かった昭和恐慌期の失業救済土木事業の場合も日没までの労働が多く、ノルマがあり強労働であった。この労働に見合ったカロリーの摂取が必要であったが、十分ではなかったのである。

一方、朝鮮人親方に率いられた土木労働者は、親方の家族が同行している場合が多く、彼女らによって料理がつくられ提供されていた。すでに朝鮮産の唐辛子などは必需品として独自に行商などの方法で流通していたと考えられ、それらを使用していたと思われる。

朝鮮人集住地区が成立すると、そこでの食事は朝鮮料理が主になっていく。食費を安くする必要があったために賄い付きの労働下宿が大半で、そこではキムチなども漬けられており朝鮮料理が出された。個人の家でも工夫をして朝鮮料理が出され、大規模な朝鮮人集住地区では朝鮮の物産を扱う店も登場し、朝鮮特産の干し鱈なども置かれるようになった。キムチなどを売る食品店も規模は小さいが多数できたのである。

在日朝鮮人の栄養状態の調査は行われていないと思われるが、エンゲル係数を見ると次のようになっている。一九三二年に大阪府が実施した一戸をかまえて生活する一万三八三五人を対象にした調査では、一ヵ月の収入に占める食費の割合（エンゲル係数）を見ると比較的に高い数字になっており、三六～六五パーセントまでを合わせると全体の六四パーセントにもなる（表18）。

また、注目されるのは初期の在日朝鮮人集住地区が形成されると、時をおかずに朝鮮料理店ができていることである。後の数字になるが、一九四二年十二月末現在で看板を掲げていたかどうかは別にして、朝鮮料理店・接客業者は四五三九人ほどであったとされている（内務省『社会運動の状況』一九四二年版、「朝鮮人職業調査」による。なお、この資料によれば他の商人、菓子・雑品商とは区分されている。普通商人九二八〇人、露天・行商人は四万四五三一人とされている。この行商人のなかに朝鮮産の唐辛子など食品を扱う人も存在したと考えられる）。

この朝鮮料理店ではキムチなど簡単な料理と農村で飲まれていたマッカリ（濁酒）が提供されていた。朝鮮人集住地区でも単身男子労働者が多かったために外食することが多かったからである。この朝鮮料理屋には、当初日本人はほとんど行くことはなかったが、そこには規模にもよるが朝鮮人女性が二、三名雇用されており、それを目当てに出入りする日本人もいた。

第18表　1ヵ月支出に占める食糧費の割合

エンゲル係数	世帯数	割　合
36～40％	1,324	11％
41～45	1,435	12
46～50	1,574	13
51～55	1,326	11
56～60	1,132	9,6
61～65	906	7,6

＊大阪府学務部社会課『在阪朝鮮人の生活状態』1934年刊による。
＊なお、エンゲル係数90％以上のものが51世帯、30％以下のものが504世帯あった。

集住地区では肉料理もさかんに食べられるようになった。それは、牛・豚などが朝鮮農村で多数飼育され、食用にするときには料理することに慣れていた内臓が格安で入手できたからである。日本人より内蔵料理には熟練していたので、格安で買った内蔵・骨などを利用して食べるようになった。朝鮮では内蔵も無駄なく調理しており、それなりに高価で食べられなかったが、日本では安く手に入ったのである。朝鮮の人々は牛だけでなく、とくに済州島の人々は豚の料理が得意であった。こうして朝鮮人のモツ焼き・モツ煮などが、一九四五年前後の食糧難のなかで著しく普及していく契機になるのである。日本国内では、一九四五年以前は内臓以外の牛・豚肉は共に高級品であり高価であったため、日本人庶民も朝鮮人も入手は簡単ではなかった。

こうした食生活の実情から見ると、在日朝鮮人は朝鮮での食慣習をできる範囲で維持していたということができよう。食材が入手できないものもあり、代用の日本産で間に合わすこともあった。例えば大根漬け（カクテキ）の材料の朝鮮大根などは朝鮮固有種で硬く、日本の柔らかな大根では本来の大根漬け特有の味は出ないのである。

とはいえ、少なくとも朝鮮人集住地区では、一九四五年までは伝統的な食生活を基本にしていたと考えても誤りではないであろう。もちろん、後に述べるような協和会での在日朝鮮人女性に対する日本食のつくり方講習会などで朝鮮食は否定的に取り扱われるが、集住地区における朝鮮食の伝統は影響は受けたもののなくならなかった。だが同時に、戦時下の物資統制で食材の調達も十分できなかったために伝統食を確保できなくなったという側面もある。また、在日朝鮮人の子供たちの日本の学校における学校教育が拡充していくと、そのなかでも学校で日本人側からの差別によりニンニク使用の弁当やキムチが嫌われるようになり、子供たちは食生活のなかでも「皇民化」を強要されるようになっていった。この影響は日本で育った朝鮮人の子供たちが大人になり、在日朝鮮人二世世代を形成する一九四五年以降になると、在日朝鮮人の食生活の変貌に大きな影響を与えることとなる。

2　住

衣食住のうちどれを取っても人間は生きていけないが、異国に来た在日朝鮮人にとって、とりわけ重要な意味をもっていたのが住宅問題であった。この住宅問題の集住地区の形成についてはすでに前節で述べたので、ここでは朝鮮人住宅の状況、住宅を巡る紛争・移動、集住地区のもつ意味などについて述べておきたい。

〈住宅状況〉

朝鮮人の住宅確保は困難で条件の悪いところに自力で建てた家が多く、当然水道・電気・下水の設備のない場所が多かった。こうした集住地区は所有が明確でない河川敷・湿地などに自力で建てた「バラック」が多く、普通家屋を何らかの方法で入手しても家賃を支払う必要から多くの人が住み、住宅数に比較して居住者が多いという特徴をもっていた。「密住」である。また、長期の職業保証がなかったので、職を求めて移動する場合があり、また集住地区内で移転する場合もあり、土木現場では職がなくなると集住地区そのものが消滅する場合があった。職があれば拡大していったのである。

在住者がもっとも多かった大阪府の「在阪朝鮮人の生活状態」調査では、調査対象一万一八三五世帯のうち、四五六世帯がバラック小屋掛けの類であり、一万一三七九世帯は普通家屋とされている。調査対象の九六パーセントが普通家屋居住者であった。普通家屋は借家が大半であった。借家は六七八三世帯であったが、形態は長屋形式が四〇パーセント前後であり、貸主の九六パーセントは日本人家主であった。しかし、普通家屋の持ち家に住んでいるものは一五二世帯のみで、全体の一・三パーセントにすぎなかったのである。商工業都市としての大阪の特徴を示すものとなっているが、他の中小都市の場合はバラック建てが多くなる。

さらに細かく見ると、一世帯一室のものが五九三七世帯、二室が三六八八人となり、併せて全体の八一パーセントを占めていた。室数と畳数の関係で見ると、一室三畳が二〇五七世帯あり、一室五畳が一七九九世帯で、双方をあわせれば全体の三〇パーセントを占めている。調査世帯に住む対象人員は五万八九六人となっているが、一室当たりの使用人員も多く、「密住」状態がよくわかるのである。筵・莫蓙は畳数に入れられていないから、その空間を使ったとしても狭かったということができよう。

〈住宅を巡る紛争と移住〉

朝鮮人集住地区が成立してからは、集住地区そのものの立退き要求がさまざまな形で起きるようになる。朝鮮人の集住地区は都市近郊、河川工事場、工場建設現場など朝鮮人の職場から近いところに成立していたが、工事の終了や都市近郊が開発されて日本人の居住地域が広がるにつれ、日本人の間から朝鮮人集住地区が「風俗、習慣が違い、衛生思想低劣」であるからという理由で立退きを迫る動きが目立つようになった。神戸市林田区重池町一―二二番地は市有地であったが、一九二七年から新湊川改修工事が始まると工事に従事していた朝鮮人が「堀建小屋」を建て、一九三四年には三三戸一五五名が住む集落になっていた。ところが付近に日本人が住み始めると、朝鮮人に対して「不潔」などの理由で立退きを求め、市は児童公園にするという理由をつけて立退きを要求した。朝鮮人側も移転するところがないため「嘆願書」を出して抵抗している。地域社会づくりに貢献していた朝鮮人に対するこうした日本人の立退き要求は他の地域でも起きており、立退きをしなければならなかったという場合もある。また、土地が私有地の場合は地主や会社から立退き要求があり、朝鮮人は移動しなければならなかった。

さらに行政処分として朝鮮人集落を立退かせたケースも多い。都下砧村にあった朝鮮人集住地区では砂利採取をして生計を立てていたが、内務省が砂利採取を禁止し、集落一二棟一〇二人の住む家を撤去してしまった。東京都は、都内にあった朝鮮人集住地区を都市の美観を損ねるという理由で江東区塵芥処理場近くの枝川町にまとめて居住させるという「処分」を実行している。住宅を巡る大小さまざまな紛争が起きて、その一部は立ち退かなければならなくなったのである。その後、戦時下には川崎市の日本鋼管などの重要工場を空襲から守る目的で、工場付近の朝鮮人集落を立退きをさせている。戦時下で抵抗もできなかった。朝鮮人集住地区は変遷しながらも、在住人口が増加するにしたがって規模が大きくなっていった。以上のような土地・家屋立退き反対、家賃値上げ反対、強制執行反対などさまざまな紛争が起きたのである。一九三四年中に借地・借家などの全国で起きた紛争件数は二五〇三件、参加者は七七〇三人に達したと同年版の内務省調査報告書『社会運動の状況』では報告されている。この年の朝鮮人労働紛争件数が三八二件で、件数は住宅問題の方が多かったのである。もちろん、労働争議の方が参加者は多く九五一七人であったが、労働運動に匹敵する在日朝鮮人の権利を守る運動の一環となっていた。この運動は生活権の基本だけに要求を「貫徹」している事例も多く、妥協しながらも一部要求を認めさせているなどの成果をあげている点は注目されよう。在日朝鮮人の歴史は労働運動ばかりで彩られたのではなかったのである。住宅を巡る朝鮮人の主張は思想的な背景は薄く自然発生的ではあったが、生活権・生存権を主張しているのであり、民主的な要求として現在の視点から見ても高い評価を与えられるべき性格を有していると思われる。

朝鮮人はこうした要求をしたものの、渡航し生活を始めてから一九四五年までについていえば、朝鮮人が安心して住むことのできる住宅地域は日本国内にはできなかった。しかしながら朝鮮人にとっては、この集住地区は得がたい貴重な存在になっていた。

朝鮮人集住地区の積極的な側面について述べておく必要があろう。

一九四五年までは朝鮮人が住む集住地区のなかに日本人が住む、混住するということは稀であり、朝鮮人居住区と日本人のそれとははっきり区分されていた。長屋などに一軒朝鮮人が住むと、日本人が立ち退いてしまうということもあった。集住地区には朝鮮人男性と結婚した日本人女性が少数住んでいる程度であった。そこは朝鮮人の街であった。このことが朝鮮人にとって意味のあることであった。

・集住地区では朝鮮語が公然と通用し、誰からも奇異の目で見られないこと。したがって民族的な伝統を守る場になっていたこと。
・ここには私塾的な学校ができたり、民族団体や親睦団体などができる基盤になっていたこと。
・就職情報や郷里と連絡することなどを含めて、相談のできる人々がいたこと。
・どんな場合でも集住地区では野宿しないですみ、ある程度の食が確保できて餓死することはなかったこと。病気になる人も多かったが、助け合いの場になっていたこと。
・後になるが強制連行された労働者が逃亡した際に隠れる場所になったこと。
・キムチなど朝鮮料理などが食べられ、かつ民族服を着ても差別などの対象にならなかったこと。
・朝鮮人にとっては「外部」に位置する日本人世界と接触するための接点の前線になったこと。
などの要因を上げることができよう。朝鮮人の集住地区は朝鮮人の生活上からも、民族の伝統を残す上でも、日本の「内鮮一体」という同化・皇民化政策が展開されるなかでは積極的な役割を果たしていたというのである。

3　衣

朝鮮人の衣生活は、日本人にとっては「奇異」な印象を与える第一の要因であったが、朝鮮人にとっては日本人の和服も同様な存在であったにすぎない。衣生活も日本における朝鮮人の生活にとって大きな影響を与えた一つの要素であった。

朝鮮人が日本に渡航して目的地に着き就労するまでは、大半が男女ともに朝鮮服であった。朝鮮にいるときから渡航に際して日本服、この当時は和服を用意することは金銭的にもできず、朝鮮服を着たまま渡航したのである。しかしながら、日本人社会で実際に就労することになると男女の差が大きくなる。男は日本人に混じっての就労するため、和服あるいは半纏などの労働服、詰襟などを着るようになる。あるいは労働に合った服装を支給されることもあった。男子の場合は外見だけからは朝鮮人と判断できないようになった。ただし、集住地区では老人が朝鮮服を着ていることがルポルタージュなどに描かれているから、そうした場合もあったと思われる。

しかし、女性の場合は和服を着ることは少なかった。和服は高価であったし、工場などは別として日本人男性に混じって働くことは少なく、大多数の女性は集住地区に暮らし、和服を着る必要を感じなかったのである。また、朝鮮人女性は日本人相手の商業をするものなどを除いて、男性より日本人との接点が多くなかったのである。やがて日本人居住区に朝鮮人も暮らすようになると、和服を着るようになる人もいた。朝鮮服が主流であった時代を過ぎて内鮮一体が叫ばれ、朝鮮人の統制を目的にした協和会が設立されると、警察署単位の協和会支部で日本人婦人団体の指導で和服着つけ教室、朝鮮服の改造、和服の仕立講習会などがさかんに行われるようになった。この種の朝鮮人女性に向けた講習会は全国で実施され、和服着用だけでなく、一九四五年以降の在日朝鮮人女性の洋服着用化に一定の過渡的役割を果たしたのではないかと思われる。戦争末期になると朝鮮服は一切禁止され、公的な集会には朝鮮服では参加できなくなった。大阪などでは協和会婦人部が街頭で朝鮮服を着ている女性を見つけて、実際に墨を塗るようなことまで行われるようになった。しかしながら集住地区では、外部に出かけるときは和服を着るが、帰ると朝鮮服に着替えることもあった。集住地区内には年配の朝鮮人女性がいて、彼女らは和服をもたなかったことを理由にけっして和服を着ようとしなかったといわれており、そうした先輩女性がいる朝鮮人集住地区では和服を着ることが憚られたのである。しかし、そうした女性たちも防空演習等に動員され、そのときにはモンペを着用していたものと思われる。和服着用は戦時下の朝鮮でも奨励されたが、生地がなかったこと、朝鮮服の改造に主眼がおかれていたことなどの理由で普及しなかった。ただし、モンペは労働には便利であったために広く普及した。現在も韓国の市場では「モンペ」という用語で販売されている。

二　子供の教育

日本に渡航し生活していた朝鮮人の教育状況は、知識の問題だけ出なく在日朝鮮人の文化的な側面を考える重要な指標になる。また、その子供たちに対する教育についても、一九四五年以後の朝鮮に帰国した在日朝鮮人や日本社会に定住した朝鮮人への影響を考える上からも、この時期の教育について明らかにしておきたい。教育についてはいくつかの研究成果があるが、ここではそれによらずに参考する程度に止め、先の『在阪朝鮮人の生活実態』によって見ていきたい。というのは、この調査報告が四五年以前では最大で、調査対象の多さ（世帯主一万一八三五）と家族調査を含み、通訳二〇人を採用し、当時としては十分な時間（一九三二年六～十二月末）をかけて調査され、地域別の集計をしており正確と考えられること、また調査が朝鮮人の集中していた大阪であることなどからである。ただし、大阪は都市であり、炭鉱、鉱山、土木現場の多い府県・地域とは差があり、大阪の方が全国のそれより高い水準にあったと思われる。

在日朝鮮人の教育水準は朝鮮本国のそれより若干高かった。というのも、朝鮮本国では日本国内で行われたような学制改革による著しい教育の普及はなかったからである。一九一〇年まではすべての面・里に存在した書堂における漢文教育が主流であり、書堂はその後も減少はしたが存続を続けた。その後、一九一一年に総督府が第一次朝鮮教育令を公布し四年制の普通学校が設立され、日本語を中心に皇国臣民教育を実施した。二二年の第二次教育令から小学校、四一年からは国民学校に改められていったが、就学率はいくぶん向上したが、入学希望者がいても学校が設置されずに教育水準は低く押さえられていた。面（日本の村に相当する行政単位）すべてに小学校が一校できた一九三六年の時点でも、就学率は二五パーセントに過ぎず中退者も多かった。ちなみに、一九三六年現在では四六邑二三二五面で、公立普通学校数は二四九八校となっていた。また、女子の就学率はさらに低くなった。なお、日本人学校は別に公立小学校と呼ばれ、五〇一校あり、別学であった。

朝鮮人には「国民皆学」は絵空事であった。日本人の一〇〇パーセントに近い就学率から見ると、著しく低い水準に押さえられていたのである。したがって渡航してきた朝鮮人の教育水準も、朝鮮よりは高かったけれども、日本より低いのは当然であった。

大阪の朝鮮人世帯主の教育水準は第19表のようになっている。

第19表　1932年の大阪居住世帯主の教育水準

学　校　別	実数	割　合	備　　　　　考
大学	14	0.07%	在学中・中退者含む
中学・専門学校	298	2.51	同上
小学校	72	0.61	中退者含む
書堂	1,693	14.30	
普通学校	2,468	20.86	中退者、高等普通学校を含む
その他	6	0.06	自動車、簿記、理髪など卒業のみ
無	7,284	61.54	
計	11,815	100.00	

＊『在阪朝鮮人の生活実態』による。
＊1935年の全国調査では朝鮮人教育程度調査対象者59万1,040人のうち、未就学者を含めて無教育者が38万6,298人となり、65％が教育を受けていなかった。全国の状況から見ると、大阪の方が教育を受けた者の比率が高いことを示している。

この表にある書堂では日本語の教育は行われていなかったものの、漢字の知識水準は高く、日本での漢字理解はできたため、日本語理解も早かったと考えられる。世帯主の四〇パーセント弱は何らかの教育を受けた階層の人々で、当時の朝鮮の水準から見ても高いものであった。一方、中学教育以上の高等教育を受けた者の比率は高く、日本人教育水準と比べても遜色のないものであった。学校教育を受けなかったものの多さと高等教育を受けた者の差の大きさが、この時期の在日朝鮮人教育状況の特徴である。これは世帯主（男性）についていえることである。家族（配偶者・女性）と後の在日朝鮮人社会を形成する女性と子供の教育状況についても検証しておこう。

〈在日朝鮮人女性の教育状況〉

この調査報告書の配偶者は一万五九三人であったが、このなかで学校教育を受けたことのないものは一万九七人、九五パーセントとなる。残りの五パーセントが教育を受けたものである。ただし、書堂には女性も学んでいたとされ、こうした統計では調査対象にされるべきであるが、この統計には含まれていない。朝鮮における儒教の影響であろうが、農民の間では女子を教育することについては熱心ではなかったことの反映であろう。しかし、高等女学校を卒業した人も一二人いて、同等の師範卒二名などを加えると一九人が高等教育を受けている。高等教育を受けた人数は、日本人の女子高等教育の比率と比べても遜色のないものであることは注目される。女子教育軽視の考え方は日本に渡航してからも存在したが、次第に教育を受ける者が増加していった。なお、戦時下になると在日朝鮮人女性も動員体制に組み込もうとして家庭の女性に日本語教育を行うようになったが、成果をあげ得ないうちに敗戦となった。

〈子供の教育・就学率〉

在日朝鮮人の父母は子供の教育に熱心であった。一九三五年十二月末現在で全国の小学校以上の中学・専門学校などの学校に通学しているものが七二九二人、小学校に通学しているものが四万四三三二人になっている。合計で五万一六二四人となる。学齢人口は不明であるが、この時点での在日朝鮮人総数は六二万五六七八人であり、それから見ると高い水準であると考えられる。学齢時期になると働かせなければならない家庭も多かったはずであるが、教育費を捻出し学校に行かせたのである。ただし、土木労働者は移動するものが多く、そのたびに寄留届を出さなければならなかったので、就学が難しかったと考えられる。その後、一九三九年に在日朝鮮人総数中に占める学生児童数は一一万八四三三人となり、四二年には二〇万八一二八人に達していた。朝鮮人に徴兵が実施されることになると、さらに当局側の就学の勧めがあり就学率は高くなった。とくに四一年から「協和教育」が行われるようになると、朝鮮人の就学率は著しく向上した。一九四五年以前に学校教育を受けた者の多くは朝鮮語教育を否定されたなかで育ち日本語教育を受けたために、親の話す朝鮮語は理解しても自身では朝鮮語を上手に話すことのできない朝鮮人となったのである。日本の学校で教育を受け成長した子供は私たちが想定するより多く、その人々が中心になって一九四五年以後の在日朝鮮人社会を形成していくのである。在日朝鮮人社会を理解するうえで教育の問題は重要なので、先の大阪の調査報告で実態を検証しておこう。

大阪に住む世帯主一万一八三五人のうち十五歳以下の子供をもっていたのは八四八一世帯で七二パーセントに達している。子供の人数は一万六五六二人である。ただし渡航者で定住している者は、若い世帯が多かったことを反映して子供一人世帯が三一パーセント、二人世帯が二二パーセントであった。調査時点は一九三二年であり、その後は増加したと考えられる。この時点での子供一万六五六二人の出生地は、朝鮮で生まれた者がやや多く八七一三人で五三パーセント、日本で生まれた者は七八四九人で四七パーセントであった。大きな特徴は日本で生まれた者の大半は大阪府内で生まれており、他府県出生者は一九二人、二パーセントに過ぎないのである。定住が進行していたことを示しており、大阪の在日朝鮮人社会の特徴の一つであった。さて、この子供たちの就学率はどのような状態であったのかを示す第20表を見てみよう。調査対象は七歳～十七歳の者七二二五人である。

小学校は普通科四年、高等科二年となっていたので、普通科では就学者の比率が高く、高等科は低く、年齢の高い者ほど働き始めた結果、中退者が増加するという傾向を示している。これを就学率が一〇〇パーセントに近かった日本の児童と比較することはできないが、朝鮮における一九三二年の就学率が二五パーセント前後であったことと比較すると、大阪の場合は四八パーセントにもなり著しく高いといえる。この数字は全国水準より高かったと思われるが、その後は就学者の比率がさらに高くなっていったと思われる。この時点では、日本の文部省や学校などは積極的に就学を勧めることなく放置していた状況であったから、朝鮮人側の働きかけで入学したものと思われる。朝鮮人の社会的な向上への関心の高さをうかがい知ることができる現象である。不就学者については、在日朝鮮人の低賃金、親が日本語を理解できず就学方法を知らない場合、学校の受入れ体勢のないこと、当局が日本人に対するほどに積極的に就学奨励をしなかったことなどを理由としてあげることがで

第20表　7～17歳の就学率（大阪府調査）

年齢	就学者				不就学者
	就学中	卒業	中退	計	
7	92	-	-	92	940
8	409	-	2	411	430
9	463	-	2	465	327
10	450	-	5	455	277
11	466	-	4	470	234
12	399	1	7	407	279
13	317	7	12	336	274
14	211	20	16	247	252
15	134	41	24	446	276
16	84	59	27	170	252
17	69	77	29	175	257
計	3,104	205	128	3,437（48％）	3,788（52％）

＊７歳児に不就学が多いが、就学年齢に達していない者が多いため。
＊前掲『在日朝鮮人の生活実態』

きよう。しかし、その後も朝鮮人自身の教育に対する関心は増していき、就学率はさらに向上する。
このほかに働きながら学校に通う子供もおり、大阪の場合は一九二二年頃から朝鮮人夜学教育の実践が行われ、翌年には大阪市済美第四壽常小学校で一四六人を収容する夜間部が開設され、同様に難波桜川壽常小学校でも夜間部が開設された。神戸市にも同様な学校が二校開設され、一四二名が学んでいた。以後も夜間学校は拡充されていく。

注目しておきたいのは、こうした日本の学校制度とは別に朝鮮人自身が開校した学校が全国の朝鮮人集住地区につくられたことである。朝鮮人が教師になり、日本語も学んだと思われるが朝鮮語を学んでいた。名古屋地方でも数校が確認されるが、いずれも当局によって解散させられてしまう。兵庫県下の槿華青年会の夜学部、京都下京区晩覚夜学校も一九三六年には解散させられている。朝鮮人の独自な努力によって自身の子弟を教育していこうとした動きは貴重なものであったが、すべての朝鮮人を管理する目的でつくられた協和会の活動が活発になると、公立学校に入学させる方向で皇国臣民化教育が徹底されるようになり、朝鮮語はまったく教えられなくなり、皇国少年がつくり上げられていく。一九三六年の協和体制強化以降に育った子供たちは、この強い日本人化＝皇民化教育の影響を受けることとなったのである。

三　暮らしのなかの文化

渡航してきたばかりの朝鮮人は、当然のことながら朝鮮の文化・慣習を維持しようとしたが、それが衣食で見たように差別の対象になったり、朝鮮語のように政策的に禁止になったりして変貌していく。ここでは衣食以外の在日朝鮮人がもっていた文化についてふれておこう。

〈宗教・信仰〉

一般的に朝鮮社会は儒教社会であり、在日朝鮮人も祖先の祭祀は儒教方式を取る人々が多かった。一部には、近代になってからの朝鮮でキリスト教の宣教師による布教が広がり、キリスト教も普及していた。仏教徒は少数派であった。朝鮮の儒教社会ではキリスト教の礼拝、拝仏的な慣行はなかったのであるが、在日朝鮮人社会も儒教の慣行を強く守って生活していた。大阪の世帯主一万一八一五人のについての調査では八八四〇人が無宗教とされているが、この人々は生活規範としての儒教世界におり、無宗教とはいえないと思われる。調査方法の問題であるが、宗教について聞かれて儒教と回答した人は二七二人で全体の二三パーセントを占め、この時点ではキリスト教は一四三人、総数の一パーセント強に過ぎなかった。統計上は仏教、天理教と続くが、信仰する者は全体の一パーセント以下の数字になっている。後にはキリスト教教会が日本各地に設立され、朝鮮人牧師による説教も行われるようになった。在日朝鮮人社会全体から見ると、生活規範は儒教的な範疇で行われていたと考えられる。

〈同郷・同族組織〉

朝鮮人たちは日本社会のなかでは孤立しているように見えるが、在日朝鮮人同士の絆は濃い関係を維持していた。対日本人との関係では朝鮮人ということで同郷・同族の垣根を超えてまとまって行動していた

第21表　1936年の全国在日朝鮮人団体（1936年中）

団体名（内訳）	団体数	組織人員	日本人会員
共産主義系団体（極左系）	20	1,104	（17）
（左派系）	26	2,248	（422）
社会民主主義系団体	16	901	（946）
国家主義・国家主義系団体	23	1,704	（2,109）
無政府主義系団体	5	430	
民族主義系団体（留学生団体）	70	5,121	（4）
（宗教団体）	102	6,983	（4）
その他民族主義団体	129	7,404	（91）
親睦会系団体	679	78,846	（8,242）
計	1,070	104,741人	

*（　）内は日本人の会員数で朝鮮人人数に含まれていない。
*この時点での在日朝鮮人総数は690,501名
*この年に存在した団体に限られている。前年より減少している。

のが特徴であり、それが基本的な行動形態であった。在日朝鮮人同士のなかでは同郷・同族組織も大きな役割を果たしていた。大阪府の先の報告書では一九三二年に各種の二八団体があり、調査対象の約一〇パーセントの人が加盟していたとされている。しかし、在日朝鮮人の団体については治安当局が強い関心をもち、それなりの分析をしているので、それを利用して全国の朝鮮人団体について考えてみよう。

第21表のとおり、一九三六年の在日朝鮮人総数と比較すると一五パーセントの人々が会員となり何らかの組織に関係し、それは在日朝鮮人社会の広がりを示している。とくに注目されるのは親睦団体で、このなかには全国に組織を広げていた協和会も含まれているが、大半は地域の朝鮮人の助け合い組織であった。この朝鮮人自身の組織のなかには機関誌あるいは新聞、会報などを発行している場合もあり、在日朝鮮人が社

会集団として力をもちつつあったことを示している。しかし、やがてこの動きを警戒する当局によって、朝鮮人が独自に組織した諸団体は解散させられ協和会に統合されていくが、在日朝鮮人が労働組合以外に独自の全国組織を展開していける可能性が存在したことを指摘しておきたい。その手段の一つが新聞・雑誌の刊行であった。

〈新聞購読〉

先の大阪の調査では、朝鮮語で書かれた新聞を購読している人は少ないが存在し、東亜日報、朝鮮日報を合わせて一七部が購読されている。一万一八一五世帯主のうちであるから少数であるが購入していたと思われ、朝鮮人の動向を伺うものとして興味深い。

当時は日本人も新聞購読者は多くなく、そうしたなかにあって大阪朝日新聞と大阪毎日新聞を八四九人の世帯主が購読（常読）しているのである。その他の新聞雑誌を含めると九三三人が読んでいることになり、全体の八パーセントとなる。この当時の朝鮮人の生活水準から見ると、高い知識を求めていた様子を知ることができる。新聞購読者は増加していくが、一九四〇年に東亜日報と朝鮮日報が廃刊されてしまうと、日本国内では朝鮮語新聞は読めなくなる（ただし、総督府を代弁する朝鮮語新聞の毎日新報が朝鮮で刊行され、それは読まれていたと推定される）。また、在日朝鮮人労働運動家や東亜日報の記者などが大阪で刊行した朝鮮語の『民衆時報』、東京で刊行した『東京朝鮮民報』も危険と見られて、当局の弾圧で廃刊に追い込まれてしまう。封建的な慣行の廃止、生活改善と文化の向上を主張していたに過ぎないが、

東京で刊行されていた「東京朝鮮民報」の記事（1935年５月25日付：発行人は金浩永、プランゲコレクションから、宮本正明氏提供）

朝鮮人の独自な動き、文化活動そのものが当局にとっては危険と見られたのである。

　一九三六年中に朝鮮人の手によって発刊された発行された新聞・雑誌は六一誌にもなり、キリスト教や地域の親睦会の機関紙など多彩であった。このうち『民衆時報』を始めとする一〇誌が発禁処分を受けている。朝鮮人が横の連絡を取り合うことに当局が強い警戒心をもっていたためであろう。

〈冠婚葬祭〉

　日本において在日朝鮮人が結婚する場合は、親が決めてそれに従うのが一九四五年までは一般的であった。この場合は故郷に帰って結婚式を行うか、あるいは在日する親族が集まって式を挙げたが、式の形式は朝鮮と同様に行われていた。朝鮮と同様な式の道具は集まらなかったと思われるが、朝鮮人社会が拡大するにつれて結婚式用の服装を商う朝鮮服地店もできて、朝鮮料理がつくられて振るまわれるようになった。後のことになるが、戦時下には新郎・新婦ともに和装で行うことが奨励・強制され、実際に和装での結婚式が行われた。物資が不足するようになると、国民服と簡単な和服での結婚式が奨励された。

葬儀の場合も朝鮮式で行われたが、朝鮮では土葬であり、郷里で埋葬することが大切なこととされていたので、遺体をもち帰りたいという希望者がいた。したがって、朝鮮人が運営していた東亜交通組合の船は遺体を運ぶこともあった。下関経由の連絡船などでは遺体を運ぶことを拒絶されていたので、火葬して郷里に埋葬するようになる。このように、初期には埋葬は郷里にして、日本では埋葬しなかった。また、火葬するようになると、日本国内の埋葬してくれる寺に頼んで墓をつくることも多くなる。その際は、日本式の墓石がつくられることが多かった。こうした墓は、朝鮮人が足跡を残した全国各地域の寺に多く見られ、やがて朝鮮人を中心にした葬儀を行う寺が集住地域近くにに見られるようになる。

〈朝鮮人文学者と芸術家たち〉

東京の在日朝鮮人、とくに知識人を中心に文学活動を展開する人々も現れた。日本に留学した朝鮮人のなかには文学、医学、経済学、法律学などを学ぶ優秀な学生が多く、日本の文学者・芸術家と深い関係をもって活動を始めた人々がいた。大半が朝鮮の大地主の子弟であるが、日本での民族差別を体験するなかで新しい生き方を探ろうとする動機が生まれ、それらは日本に暮らす同胞や朝鮮農民の現状に理解をもつことにもつながった。

一九二五年に結成された朝鮮プロレタリア芸術同盟は、二七年から在日朝鮮人文学者なども参加して雑誌『芸術運動』を東京で刊行したが、そこには李北満、林和、金斗鎔など四五年以降にも活躍する作家たちが作品を発表している。その後、芥川賞の候補作品を書いた金史良が多くの作品を発表し、また、詩人の金龍済なども活動するようになる。演劇活動の分野では一九三六年に朝鮮芸術座が設立され、朝鮮語の演劇を東京各地で上演し、朝鮮人労働者たちが鑑賞するまでになった。詩人としては京都大学生の尹東柱が優れた作品を残している。これらの活動は『芸術運動』に寄稿している中野重治など日本人作家にも影響を与えたばかりではなく、在朝鮮の朝鮮人文学者とも関係を強化する契機になった。舞踊の分野では石井漠門下の崔承喜の日本国内での公演は朝鮮人に喝采を浴びたが、同時に日本人にも深い感動を与えたといわれている。こうした文学者・芸術家の日本での活動は、朝鮮での芸術運動に厳しい監視の網が張られていたため、いくぶん日本国内の方が出版・講演などでは活動がしやすかったという側面もある。

当然のことながら、こうした広範に多方面に展開していた朝鮮人の暮らしは厳しい労働によって支えられていた。

第五章　労働と生活擁護

一　職域と賃金

専門的な労働者としての知識がない朝鮮人農民が日本国内で得ることができた職業は日本人が就くことを喜ばない職種で、地方にあっては土木、炭坑・鉱山労働、都市においては長時間労働と悪い環境下の労働が主なものであった。そして都市と地方で共通な条件は日本人より安い賃金であった。こうした事情を確認するために職業構成を見てみよう。朝鮮人の強制連行が開始されると土木・炭坑などの統計に大きな変化が起こるので、強制連行開始の一九三九年以前の一九三六年の職業状況を一覧しておこう（第22表）。この年は一年で在日朝鮮人が六万人余も増加していることを背景にしており、またこの時期には不況の影響下にあり、戦争の拡大による労働者不足は深刻でなく、朝鮮人の求職は容易でない時期であった。

もっとも注目されるのは、有職朝鮮人の圧倒的な多数が労働者によって占められているということである。無職者と「世帯主従属者」を除けば四四万一八一八人となり、労働者総計三〇万二四五三人となる。六八パーセントが各種労働者であった。意外に多いのが商人であり、有職者の一〇パーセント、小学生が

第22表 在日朝鮮人の職業（1936年12月末現在）

有識的職業	
官公吏	63
軍人	4
諸学校教師	39
牧師・僧侶	123
医師・弁護士	34
記者・著述業・芸術家	117
事務員	429
その他有識的職業	682
計	**1,493**
商業　普通商人	5,703
商業　人参販売	1,431
菓子類販売	2,390
雑品販売	6,001
その他雑業	26,961
計	**42,486**
農業　自作農	121
小作農	4,212
計	**4,333**
魚業	**479**
労働者　鉱業	12,421
工業　繊維工業	41,403
金属機械工業	27,267
化学工業	13,095
電気工業	2,241
出版工業	2,339
食料品製造業	3,700
小計	90,045
土木建築業	89,648
通信交通運輸業	7,559
仲仕業	10,875
一般使用人 店員	5,379
農夫	6,491
漁夫	2,171
家事その他	13,465
小計	27,506
その他の労働者	37,836
労働者合計	**302,453**
接客業者	**4,974**
その他の有業者	**20,370**
学生生徒	**7,810**
小学児童	**55,002**
在監者	**2,420**
無職　世帯主	7,633
世帯主従属者	241,050
計	**248,683**
総合計	690,501

＊『社会運動の状況』1936年版から作成
＊表の用語でふさわしくない表現があるが、歴史用語としてそのままとした。

有業者の一二パーセントを占めている。日本人社会と大きく違う職業構成となっているのである。また、ここでは省略したが、原表では労働者を二つに分類して職工と職工の部下として手伝いをする「雑工」に分けられており、この「雑工」に分類されている人も多い。労働者の下層に位置する人が多いという側面をもっていた。この労働者たちの多くはゴム工業のような雇用条件の悪い、健康にもよくないと考えられる職種に就いている場合が多い。すなわち日本人が容易に就労しない職種が朝鮮人の職種構成の一つの要因になっているのである。例えば土木労働であれば、山奥の危険なダム工事や事故の多い炭坑労働などである。

有識的職業は、その職域を拡大していたが圧倒的に少ない。銀行員、大企業工場の社員、商事会社社員などはまったく職種のなかに見ることができない。しかし、朝鮮人の職域は毎年拡大しており、日本社会のなかで労働者としての立場を確立しつつあったと見ることができる。とくに日本国内の労働力不足が深刻になる一九三九年以降は、職域が一層拡大していく。

ところで、朝鮮農村出身で労働者としての技術をもたない人々が雇用されるには条件があり、唯一、最大の事項は賃金であり、日本人より低い賃金が職を得るための条件になった。朝鮮人労働者の就労先は「比較的賃金の低いしかも過激な労働を要する工場以外では受容されていない」ことが就労の条件であった（大阪市社会部『朝鮮人労働者の近況』）。

ここで日本人労働者との賃金格差について述べておく必要があろう。

一般的に朝鮮人の収入については世帯主の賃金収入のみでは生活ができず、世帯員の収入を補填して生活している場合が多いが、それを合わせても先の大阪府の一万一八三五世帯の調査では平均月収は四六円三五銭となっており、きわめて低水準で、この低賃金収入は五年後の京都市の調査でも四六円二一銭に過ぎず、それを京都の調査報告では「われわれはその収入の僅少なるに驚くのである」としているほど低水準であった（京都市社会課『市内在住朝鮮出身者に関する調査』一九三七年刊。調査内容は一九三五年調査）。

これを日本人との差を具体的に比較すると「内地人に比し一割乃至六割の差額を有し」、平均すると約二割の差があるとしている。大阪は日本人に対し差が大きい職種は電気工で五割、仲仕で四割、使用人で五割の差が存在したと報告されているのである。平均では第23表のとおりである（内務省社会局『朝鮮人労働者に関する状況』一九二四年調査）。これは比較的に古いデータであるが、全国の日本人と朝鮮人の賃金格差を調査した資料はこれ以外には少ないため使用した。その後、賃金格差は幅が少なくなったが存在し続けた。朝鮮人の賃金がいくぶん上昇

第23表　大阪における日本人・朝鮮人の日給賃金格差
（単位：円）

	日本人	朝鮮人	差額
土木労働	2.00	1.80	.20
紡績工	1.30	1.20	.10
日稼ぎ	1.50	1.20	.30
硝子工	1.50	1.00	.50
電機工	3.00	1.50	1.50
仲仕	3.50	2.00	1.50
使用人	1.00	.50	.50
ゴム職工	1.50	1.00	.50

＊最高額・最低額も調査されているが「普通」とされている数値を取った。
＊原表には生活費も調査されているが省略した。また、全国調査であるが大阪の事例の一部を紹介した。
＊内務省『朝鮮人労働者に関する状況』

するのは、日本国内で労働者不足が深刻化する戦時下になってからである。
第23表は日額であるから、月収の差は大きく広がった。日常生活が困窮するのは当然で、食費や住宅費で節約する以外になかった。いくぶんかでも生活改善、賃金上昇につながることであれば努力を惜しまなかった。その一つが子供の教育であり、生活擁護運動への関心と参加であった。

二　生活権を守る

このような民族的な差別賃金下では、朝鮮人は食費を切り下げ住宅費を節約しなければならず、先にふれたような朝鮮人の集住地区が形成される要因になるのである。こうした生活防衛をするだけでは暮らしが維持できない場合が多いうえ、さらに不当に解雇されたり、賃金を切り下げられる、勤務時間の延長など労働条件の切下げが朝鮮人たちに降りかかった。朝鮮人は生活権を守らなければならず、さまざまな方法で抵抗を繰り広げることになる。住宅問題のところで示したように、住宅確保の紛争もその一つであった。ここでは労働者としての権利を守るための朝鮮人の抵抗のいくつかのあり方を紹介しておこう。植民地民衆であることからくる無権利状態と生活状況が深刻であっただけに継続的にねばり強く、集団でまとまって抵抗を試みていたのが特徴である。

当初の朝鮮人の生活擁護の動きは、やむを得ず追い詰められて起こされた場合が多い。一九一〇年、山梨県北都留郡梁川村では朝鮮人労働者五〇人と日本人労働者一五〇名が喧嘩がもとで対立し、ダイナマイトを投げ合うという事件が起きた。民族的な対立が背景にあったと考えられる。一九一四年、大阪摂津紡績に働いていた朝鮮人女工朴春兼他は、雇用されたときの約束と大きく違う待遇と虐待に耐え兼ねて警察に訴えたが、これは労働条件をめぐる紛争であったといえよう。一九一七年、北海道炭鉱汽船若鍋炭鉱で働く労働者は坑内係員の不親切と「言語問題」から、朝鮮人一六五名と日本人労働者、村の消防団員五〇〇名とが対立し、緊張した場面が生まれた。こうした紛争は各地で起きたが、注目されるのは一九一九年の朝鮮での三・一独立運動の影響と思われる運動が福岡県を中心に多発しているのである。福岡日日新聞によると五～六月にかけて短期間のうちに、単なる喧嘩と思われるものもあるが、一二件の紛争・争議が起きている。一部を紹介すると、

一九一九年五・一	朝鮮人労働者二名が死亡したため原因を巡り紛争	三菱山部炭鉱
五・四	労働者の下宿料金の問題で警官と対立	戸畑町
五・十三	浪速節興業の見物をめぐる警官との対立	嘉穂郡大分村
五・十六	賃金値上げを要求し事務所に押しかける	嘉穂郡頴田炭鉱
六・九～十一	日本人と朝鮮人労働者の紛争	日田郡中川村
六・十七	警察の不当逮捕に抗議	田川郡春日町

という内容であった。

まとめてみると日本人との対立が原因の場合があるが、最終的には警察との紛争になっている場合が多

い。このほかに日本人の蔑視に反発したり賃金紛争を内容としている事案もある。この経過について新聞報道では三・一運動とは関係ないとしているものの、三・一運動の様子が在日朝鮮人にも知られていたと思われること、朝鮮人対日本人という構図の対立が多いこと、この期間に紛争が集中していることなどから、福岡在住の朝鮮人たちは三・一運動についての何らかの情報を得ていたために、直接的ではないが一つの民族的抵抗の表現の形として朝鮮人の正当な存在、生活権を主張したのではないかと思われる。なお、その前後を見てみると、「福岡日日新聞」では一九一九年一月、二月に喧嘩が一件ずつ報じられているのみで七月、八月は件数が少なく、九月に朝鮮人の喧嘩二件、日本人との対立が一件報道されているのみである。

これらの一九一〇年代の在日朝鮮人生活擁護の動きは自然発生的な要因が強く一時的なものであったが、朝鮮人の結束力の強さとすでに在日朝鮮人同士の独自な連絡があったことを示唆している。しかし、一九二〇年代になると、在日朝鮮人の生活権擁護・要求運動も新しい局面を迎えることとなる。三・一独立運動の影響やロシアの社会主義革命の世界史的な潮流の影響を受け、在日朝鮮人学生、知識人のなかに民族の独立と社会主義社会の実現を考える人々が現れたのである。朴烈等の無政府主義者間グループ、社会主義系統の北星会・一月会などの組織は朝鮮の社会主義運動に影響を与えたばかりではなく、在日朝鮮人労働者のなかにも積極的に働きかけを試みていった。それまであった親睦会、民族団体に加えて労働者団体が結成されたが、この特徴は朝鮮人の間に労働者としての戦う組織を全国規模で拡充していくことにあった。一九二二年に東京で「朝鮮労働同盟会」が白武、李憲らによってつくられると、ただちに大阪にも同組織がつくられた。社会主義思想の影響を受けた団体は朝鮮人居住者の多い神奈川、神戸、福岡、山口などにも組織されていった。一九二四年のメーデーデモには東京・大阪で参加している。在日朝鮮人の力を結集することの必要を感じた各地の朝鮮人たちによって、一九二五年二月に東京で「在日本朝鮮労働総同盟」が結成された。「資本家階級の抑圧と迫害に対し」抵抗し、八時間労働、最低賃金の設定などを目標にしていた。この運動は日本国内のみならず朝鮮とも連携し、朝鮮で一九二七年に新幹会が結成されると、約二〇〇人が参加して東京支部が結成され、さらに大阪などにも支部がつくられ影響を広げることになった。新幹会と連携をもった在日女性団体として、同年に「槿友会」が結成された。また、朝鮮で一九二五年に朝鮮共産党が結成されると、二七年には日本総局が置かれ活動することとなった。しかしながら、これらの組織に集まっていたのは農民出身者だけではなく、多くが地主階層の出身者であり、在日朝鮮人のなかでは飛びぬけて高度な知識人であった。彼らが具体的な朝鮮人集住地域に暮らす朝鮮人の生活上の諸問題を解決するという視点をもったり、在日朝鮮人の間で生活を共にしながら活動をするようになるのは少し後のことになる。もちろん、在日朝鮮人が新たな思想・組織をもって機関紙などを発行し影響を与え共感を呼んでいた組織であり、在日朝鮮人の歴史にとって重要な変化であったということはできる。彼ら在日朝鮮人知識人は帰国して活動した人が多いが、在日を継続し一九四五年以降まで在日朝鮮人を指導するようになる人物も、この時期から活動を始めている。

この時期の共産主義運動は国際的な連携が強く、一九二八年の国際共産主義者の会議「プロフィンテルン」第四回会議で、植民地労働者を本国内で労働組合に参加させることが決定された。その後のコミテルン大会でもこの方針が認められたために、日本国内でも設立され活動を拡大していた「在日本朝鮮労働総同盟」を解散させ、「日本労働組合全国協議会」（以下は全協という）に参加させることが合意されたのである。この国際共産主義運動の方針は、在日朝鮮人のなかに時期が早いのではないかなどの疑問もあったが、コミンテルンの方針は絶対的なものとして受け止められ、在日朝鮮人は全協に参加していくこととなる。在日朝鮮人は日本の産業別労働組合の組合員となった。同時に朝鮮人も日本共産党に参加し、日本共産党員となる。このなかには一九四五年以後に再建された日本共産党の幹部として活躍した金天海、金斗鎔などがおり、影響は四五年以後にまで及んだ。

この過程のなかで、独自組合であった在日本朝鮮労働総同盟時代の一九二九年末には三万三〇〇〇余の組合員がいたが、全協時代には五〇〇〇人を超えることがなく、一九三五年には三〇〇余人に激減してしまう。これは当局の苛酷な弾圧と運動の極左的な激しさ、運動方針を巡る内部対立が原因であった。

なお、全協の方針に従わず独自の組合を維持したり、日本労働総同盟系の組合に参加するものもいた。独自に組合を組織したものに東亜通航組合があり、済州島と大阪との航路の維持を行い、朝鮮人の暮らしに大きな役割を果たした。そうした組合の人々と全協に組織された朝鮮人たちは積極的に運動に参加し、労働条件の改善などに一定の成果をあげることになる。代表的な争議としては、一九三〇年の賃金引下げに反対する日本人・朝鮮人女性工員のストライキである岸和田紡績争議、鉄道敷設土木工事で未払い賃金がたまったままであった賃金支払い要求運動である三信鉄道争議などが起きた。また、恐慌下に実施されていた土木工事に働く労働者たちは、失業対策事業所ごとに求職・就労運動を行った。一九三一年には多摩川砂利採取労働者たちの広範な運動が起こり、山梨県国道八号線改修工事では問題の深刻さが原因となり朝鮮人労働者の大半を参加させている。三二年には年頭から神奈川県横須賀市の平作川改修工事で巧みな運動が展開されていた。だが、こうした運動に対して官憲は厳しい弾圧を行っていた。たとえば岩手県大船渡鉄道工事場のストライキでは、有田組など組織された暴力団によって朝鮮人三人が殺害され、多数が重軽傷を負った。官憲は多数の朝鮮人を逮捕して、わずかの慰労金で争議を終わらせている。その後も朝鮮人の争議は継続していくが、厳しい弾圧によって大規模な争議ができなくなり、自然発生的な争議が多くなった。だが、争議はなくならなかった。それは、朝鮮人であるということのみでの低賃金と重労働、民族的な差別が日本社会のなかに存在し、それに対する民族的な抗議が行われていたからであるともいえる。民族的な動きと関連し、普通選挙法が実施されて在日朝鮮人にも選挙権が認められ、当初は朝鮮語で投票することが認められていた。朝鮮人の労働運動と一線を隔しながら政治的な立場の表明として当選した者もいて注目される。

三　地域政治への接近

朝鮮人が選挙に参加したことについては日本の枠組を認めることにつながり、民族自立の立場からは許しがたいとする見解や同化につながる問題として否定的に見られてきた。だが、朝鮮人自身が立候補し、当選するものもいたことは事実であり、そのような選択をせざるを得なかったのも在日朝鮮人社会の実態の側面であり、事実の経過を実証しておきたい。

在日朝鮮人が選挙に立候補したのは一九二七年に浜松市会議員に立候補したのが最初である。このときは幾人かが立候補したが当選はしなかった。当選して大きな話題になったのは、一九三二年の衆議院議員選挙に東京四区から立候補した朴春琴である。彼は内鮮融和を主張する相愛会にかかわっており左翼的な労働運動と対立していたが、彼の当選は在日朝鮮人社会に影響を与え、内鮮一体の動きにはずみをつけることとなった。市会議員クラスでも尼崎市会議員に朴炳仁が日本人の支持を得て当選した。いずれも、日本人の支持もあったが朝鮮人の集住地区からの当選であった。もちろん、左派系の朝鮮人立候補者もいたが当選には至らなかった。一九三六年十二月末現在で、普通選挙制度が実施されて以来全国で六七人が立候補して二一人が当選している。市会議員などが多いが、地域レベルから見ると当選者の存在は無視できないものとなったと思われる。地域社会に生きる朝鮮人にとっては一定の役割を果したと考えられる。地域における朝鮮人の諸権利は保証されるべきであり、こうした朝鮮人の積極的な側面は評価されるべきであろう。なお、選挙における朝鮮人の棄権率は高く、一九三六年の衆議院議員選挙では調査された県の平均で七割近くが棄権している。日本人の二割に比較するときわめて高かった。朝鮮人にとって選挙に参加しても自分たちの権利や利益を拡大するとは思われず投票しなかったこと、文字のわからないものがいたことなどをその理由としてあげることができよう。その後も朝鮮人の立候補者がいたが、戦時下には市町村を含め翼賛選挙が実施されて朝鮮人の独自な立候補はできなくなった（この項の数字は『社会運動の状況』一九三六年版による）。

第六章　日本政府の在日朝鮮人政策

在日朝鮮人は困難な生活のなかで工夫を凝らしてたくましく暮らしを維持していた。必要とあらば住宅問題で家主と交渉し、賃金の増額を要求した。親睦会や労働組合を結成して問題を語り、子供の教育には熱心であった。新聞を発行し、演劇運動や文学作品も生み出した。このなかで郷里との連絡を欠かさず、朝鮮人としての民族的な慣行を守ろうとしてきた。郷里への往復には渡航証明が「日本人」であるにもかかわらず必要とされ不自由な思いをしている。こうした植民地民衆に対して日本政府はどのような政策をもって処遇していたのであろうか。

一九四五年まで終始一貫していたのは、警察力をもって在日朝鮮人の管理・処遇を行ってきたということである。これは植民地朝鮮でも警察が大きな権力を朝鮮の隅々まで張り巡らしていたことと共通するが、日本でのそれはさらに徹底していた。朝鮮人を始めから、本国でも日本国内でも治安対象者として処遇していたのである。

一九一〇年、韓国を併合した日本は、在日朝鮮人管理のために内務省警保局長名で各県知事に対し「朝鮮人戸口職業別人員表の件」という通牒を出し、次いで一九一一年には「朝鮮人名簿調整の件」を知事に指令した。朝鮮人の日本国内管理の基本となった通牒である。この名簿は警察署で作成し、一部は上級機関に提出し、朝鮮人の言動を視察し「排日思想抱持」人物の有無を調べ、朝鮮人が移動したさいにはその行先を速報することになっていた。警察が朝鮮人を管理する第一歩になり、以後市町村役場では朝鮮人の名簿・戸籍を扱うことなく、一九四三年に在日朝鮮人の徴兵を実施する必要から初めて市町村役場で寄留簿の作成を始めたに過ぎない。この間、在日朝鮮人の職業、人数、居住地の確認などの事務は一切警察署で行っている。したがって一九四〇年の創氏改名の実施に当たっては市町村の戸籍係では受け付けられず、警察署が窓口になって受け付けられた。「内鮮一体」といいながら、日本人とはまったく違った管理体系のもとに在日朝鮮人を置いたのである。

一　「内鮮融和」と「保護」の時代

韓国併合以降、朝鮮人への監視は続けられたが、全国共通に特段の政策がとられていたわけではなかった。一部、朝鮮総督府官僚の丸山鶴吉、赤池濃らの指導で内鮮融和を掲げる朴春琴らを中心にした相愛会が一九二一年につくられている。この会は一応朝鮮人によって組織され、労働ブローカー的な役割を果たしていたが、朝鮮人に支持されていなかった。この組織は官庁の指導による予算を執行しての政策的な朝鮮人対策組織とはいえなかった。

一九二三年に関東大震災が起きて朝鮮人が数千人殺害された。この事件は朝鮮総督府官僚を震え上がらせた。第一にこの虐殺事件が朝鮮内に広く知られた場合には、その数年前に起きて朝鮮支配を揺るがせた三・一運動のような抗議行動が起きる可能性があったためである。第二にこの殺害事件が国際的な非難を浴びることを政府が恐れた。植民地支配を揺るがしかねない問題であった。朝鮮総督斎藤実は東京で政府と対策を協議し、朝鮮人がもっとも多かった大阪に立ち寄って有力者や知事の土岐嘉平を集め、「朝鮮人の保護」を取り計らうように依頼した。大阪府が基金を出して一九二四年五月に大阪府内鮮協和会が設立された。続いて二五年二月に神奈川県内鮮協会が、十月に兵庫県内鮮協会が設立された。いずれの地も朝鮮人労働者の多い地域であった。この組織には民間有力者が参加しているが、官も資本家も朝鮮人労働者たちの住宅紛争、賃金闘争など対応を迫られており、解決を図るには新しい対応が必要であると考えていたためでもある。したがって、大阪の内鮮協和会の事業として「朝鮮人の共同宿泊所・職業紹介所・夜学校・診療所」などを設置するとしているのである。そして実際に宿泊所、夜学校などが設置され、それなりの活動が行われた。このなかの役員に警察の幹部が含まれていたのはいうまでもない。神奈川県の場合も同様なものであったが、保護・救済という側面より朝鮮人に対する教化的な面が強かったのである。同時に、朝の集会では国民体操、皇居遥拝、御歌朗誦などを行う、融和政策的な側面が強いものでもあった。だが、日本人に対する保護・救済に比べると方面委員（現在の民生委員）が対応した事例も少なく、やがて名目的な存在になっていく。設立当初は県の財政支出もあり民間の寄付もあったが、次第に少なくなり内鮮協会の活動ができなくなった。同時に在日朝鮮人の増加が著しかったこと、在日朝鮮人の親睦会・労働組合などが組織され、自分たちで生活問題の解決を図ろうとしたことが大きな要因になった。

政府の財政的な支援がなかったこともあるが、もう一つの要因は日本人社会に定着していた朝鮮人に対する蔑視観が内鮮協会などの「内鮮融和」政策すら批判し、施設の設置や活動を快く思わなかったことにある。神奈川県内鮮協会が朝鮮人の宿泊施設をつくろうとしたときには、地域日本人住民がこぞって反対したため設置場所を移動し、さらに県が説得してやっと施設ができたのである。日本人と朝鮮人の対立は各所で見られるが、いずれも日本人の差別や蔑視発言を契機に紛争が起きている。賃金差別や住宅差別もあり、一般日本人社会に根強く朝鮮人差別が残っていた。ところが朝鮮人が増加し、しかも教育水準も次第に高くなり、日本社会のなかで一定の役割を果たすようになると、政策的に一つの大きな力量をもつ社会集団として位置づけられるようになる。

一方、一九三一年から開始された中国侵略戦争は拡大の一途をたどり、この戦争遂行体制を統一して維持するには、何よりも日本国内の引締めと社会統合が必要になってきた。

政府はいくどかの検討の末、一九三四年十月に「朝鮮人移住対策」の件を発表して、在日朝鮮人に関する基本方針としたのである。要旨は朝鮮人の満州移住を促進し日本渡航を減少させることなどを内容としていたが、その第四項に在日朝鮮人対策が示されている。その一に「朝鮮人保護団体」の統一強化、第二に「朝鮮人密集地帯」の保安・衛生など生活改善を図ること、第三は朝鮮人を指導教化して「内地」に同化せしむることを内容としている。まとめていえば、朝鮮人組織の統合を図り治安対策のため居住地対策を行い、朝鮮人の同化＝日本人化を基本方針とすることを決定したのである。

この方針の閣議決定を生かすためには具体的な対策を立てる必要があった。このために朝鮮人のもっとも多かった大阪で、一九三四年四月に「大阪府内鮮融和事業調査会」を発足させた。構成は警察幹部を中心に市役所、検事、協和会幹部、有力者などで構成されていた。いくつかの総会決議があるのだが、ポイントになることのみ揚げれば、朝鮮人の団体は「優良団体は積極的助成」をするが、「不良団体に対しては警察取締りを厳重にする」こととしている。実際に大阪府警は朝鮮人団体を解散させ、もしくは統合させているのである。

さらに朝鮮人集住地区には生活改善組合を組織させ、一〇～三〇世帯を単位として生活改善組合を指導する指導員を置くというもので、この生活改善指導員の直接監督は「所轄警察署において行う」としている。すなわち警察による住民の隣組への組織化と警察官に指導される指導員の設置が決定されたのである。この生活改善組合の正式名称は生活改善組合矯風会とし、会長を警察署長として会を立ち上げた。名目的には大阪府内鮮協和会内の組織とされた。そこで行われたのは国旗掲揚、神社参拝、宮城遥拝などの事業であった。

子供の教育では、朝鮮人のみで特別学級をつくらせないこと、一学級の朝鮮人生徒数の割合を制限し四割を超えないようにすること、修身、国史、国語の授業に重点を置くことであった。

大阪の協和事業施設の一つ内鮮協和会鶴橋隣保館（1932年）

すなわち、大阪府の内鮮融和事業調査会で決定され実践されたのは、警察による朝鮮人の直接管理方式―矯風会への組織化の確立、集住地区住民の隣組的組織への組織化と融和、子供たちへの日本人化教育方針の確立などであった。

一九三五年になると、この方針は拡大実践され、各警察署の矯風会は精神作興（国旗掲揚など）、風俗改善（和服奨励、日本式作法の講習）、生活改善（冠婚葬祭の簡素化など）、教育奨励（全員就学、寄留届の奨励）、衛生改善（家庭内清潔など）を成績表を作成して実践させた。当初の内鮮融和・保護救済は影を潜めて、教化政策が前面に出るようになった。「不良団体」を統合し、全在日朝鮮人を組織する統一的な組織が存続を求められるようになったのである。

以上のような大阪での実践を受けて、政府が直接朝鮮人管理政策に乗り出すことになる。それは予算五万円を計上して、主要都道府県に「協和事業」を普及させたことによって開始された。

二　協和事業の展開

一九三六年六月に全国警察部長打合わせ会議、七月の全国学務部長打合わせ会議で在日朝鮮人問題に取り組むように指示がなされ、八月には六項目の協和事業実施要旨と項目を発表した。内容は在日朝鮮人の生活調査、国民精神の涵養、風俗・生活改善、保護救済、犯罪防止、国民融和の促進などであった。要は全国で統一的に朝鮮人対策を協和事業という名前で実施することにあった。一九三六年、とりあえず東京、大阪、神奈川、愛知、兵庫、山口、福岡で協和会が設立されて活動を始めた。その後も各県に協和会が設立されていくが、その際の基本的な見本とされたのが大阪の矯風会であった。すなわち、県組織の下部機構として各警察署長を会長に、特別高等警察課内鮮係を幹事として、朝鮮人有力者を指導員・補導員とすることで組織の統一性をもたす方向が考えられたのである。朝鮮人はすべて協和会会員とされるようになっていく。一般日本人有力者が一部で指導員とされた県もあったが、後には朝鮮人有力者が就いたところが多い。日本人の戦時組織の大半は隣組や常会を含めて市町村単位に結成されていくのであるが、朝鮮人の場合は警察署単位であった。このため朝鮮人は同じ日本人とされながら市町村の枠を超えた組織となり、日本人と違った統制組織に組み込まれることになった。一九三九年には中央協和会が設立されるが、それまでに在日朝鮮人が多い府県の大半の地域に協和会支部が設立されていくのである。

一九三九年六月二十八日に神田の学士会館で行われた中央協和会の設立総会には、厚生・内務・拓務の各大臣が出席して事業計画を承認して天皇陛下万歳を三唱して総会を終わっている。担当は厚生省で初代理事長には関屋貞三郎が就いた。関屋は貴族院議員で内務官僚出身、台湾総督府を経て朝鮮総督府学務局長を経験し、静岡県知事などを経験している人物で、政府としては「適材」といえた。役員には南朝鮮総督を始め、かつて総督府で治安を担当した政務総監、内務部長などが就任した。当初から東北帝国大学で殖民政策学を学んだ武田行雄が厚生省の担当官となり、彼は後に厚生省の職制上の初代協和官となる。まったくの官主導の中央協和会の設立総会であった。重要なのはこうした中央官僚の下に地方委員として各府県の社会課長と特高課長が名を連ねていることである。実質的に各県内の特高課を指導する立場にあり、県の下部機構としての協和会支部長は警察署長であり、全国の朝鮮人に対し統一的な指導ができることとなったのである。周知のように戦時下では特高警察はもっとも恐れられており、内鮮係は治安対策を主な仕事にしている係であり、戦時下の朝鮮人処遇がどのように権力的に行われたかが、この一事をもってしても明らかである。

中央協和会の設立は単に増加し続ける在日朝鮮人対策だけでなく、もう一つの重要な側面・課題をもっていた。それは国家総動員法の成立とそれによって朝鮮人の日本国内への動員、すなわち強制連行を実施することとなり、その規模が大きくなることが予想されたためである。一九三九年には第一回の連行が開始され、全国の炭鉱・鉱山や土木工事などに配属され、働き始めようとしていたのである。数万人の異文化をもった労働者集団を迎え入れることは、朝鮮人を治安対象として見ていた日本人支配層にとって、「安全」を確保するために何らかの日本国内での対応を確立しておく必要があった。実際強制連行労働者に対する訓練要綱などを協和会が作成し、ある程度はその指針にしたがって労働者に訓練や日本語教育などをしたところもある。協和会は逃亡防止、ストライキ阻止なども課題としており、強制連行労働者の争議のときは協和会・警察が前面に出て対応していく。一般在住朝鮮人の目に映じた協和会はあくまでも特高警察内鮮係の顔をもつ存在であった。かつて在日朝鮮人歴史研究者・朴慶植は協和会を評して、協和会は朝鮮人にとって「憎悪の語句」となっているといっているが、それは特高警察の治安対策で多くの朝鮮人民族運動家・労働運動家たちが犠牲になり、こうした抑圧と融和、内鮮一体という二つの顔で接した存在が協和会であったという側面を朝鮮人自身認識していたからにほかならない。

以下に協和会の行ったいくつかの施策について述べておこう。施策実施の背景には治安対策の任務の中枢機関であった特高警察の有無をいわせない強権が存在したことを念頭において、日本政府が在日朝鮮人に「何をしたか」について見ていきたい。

三　協和会の仕事

協和会の行ったことは、ほとんどの一般日本人の印象に残ってない。忘れられているのではない。事業を行ったのが警察の特別高等警察内鮮係で、しかも朝鮮人のみを対象にしていたためである。一般日本人が知らないところで行われていたのが協和事業であった。もちろん、隠れて行っていたわけではなく公然と行われており、各地の社会事業協会の機関誌に活動が紹介されるのが常であり、中央協和会が結成されてからは、月刊誌で誌名は変わるが『協和事業』誌が刊行され、一時期は朝鮮人の働く職場に配布されてもいた。こうした資料によっていくつかの事例をあげておこう。先にも述べたように協和会には二つのねらいがあり、一つは朝鮮人を監視する治安対策組織としての側面と、もう一つは戦争協力に必要な朝鮮人の日本人化＝皇民化であった。

まず、皇民化政策の実施について具体例を見てみよう。

・生活改善という名の皇民化では在日朝鮮人女性への和服着用が勧められ、和服のつくり方や着方を知らない人々が大半であったので着付け教室が女性を対象に実施された。朝鮮服の改造も行われた。この結果、協和会の会合には和服で出席することが慣例になり、どうしても和服を着用しようとしない年輩の女性が問題となり対策が考えられたりした。食事は日本式に食べるように教えられ、みそ汁のつくり方の講習会が各地で開催されている。一方では、この頃から在日朝鮮人がさかんにつくり始めていた「濁酒」の取締まりも集住地区内では行われていた。食事に付随して雛祭り、節句の祝い方など日本の習俗についても教え込まれた。また、『協和国語読本』が作成されて、広範に配布され国語講習会が地域の在日朝鮮人のほかに強制連行労働者の現場でも開催された。

・もっとも頻繁に朝鮮人を動員して行われたのが神社の参拝で、遠くは伊勢神宮や出雲大社まで集団で参拝しに行ったが、近在の神社には日を決めて参拝に行かされたのである。そのときには神社の清掃奉仕を行うことが通例になっていた。何回神社に参拝したかを数字で表し成績を上げようとしたところもある。また、各個別の朝鮮人の家に神棚を設置させようとして、簡易な神棚を配布した協和会支部もあった。ところが、この神棚の配布は神棚が何のことかわからない家庭にまで配布したために、神棚を置く場所がないため適当な所に放置されたり、神棚の前に鍋・釜などを置いたりして、かえって「不敬」になるとして問題視しているところもある。朝鮮人にとって何の必要もないものを置いたために起きた問題であった。

・朝鮮人にとって実質的な負担になったのが国防献金、飛行機献納などの寄付の割当て強要であった。貯金も義務づけられ、毎月の預金金額を決められていたところもあった。それらは相当に高額になったが、日本人との賃金差別が存続していたにも関わらず各種献金が要求された。「皇恩」に報いるためには当然とされたのである。

・日本人と同様に軍人遺家族の田畑などへの勤労奉仕にも行かなければならず、協和会支部や分会の組織を上げて参加しなければならなかった。食糧難になると協和会支部で独自に開墾し、できた作物は寄付させせられたりした。

・宮城遙拝、国旗掲揚、万歳三唱、国歌斉唱など、日本国民であり天皇に忠誠を尽くすという「皇国臣民の誓詞」を暗唱させられ、機会あるごとに覚えさせられた。

協和会三重県桑名市部の日本料理講習会
（出典：『協和写真画報』1941年）

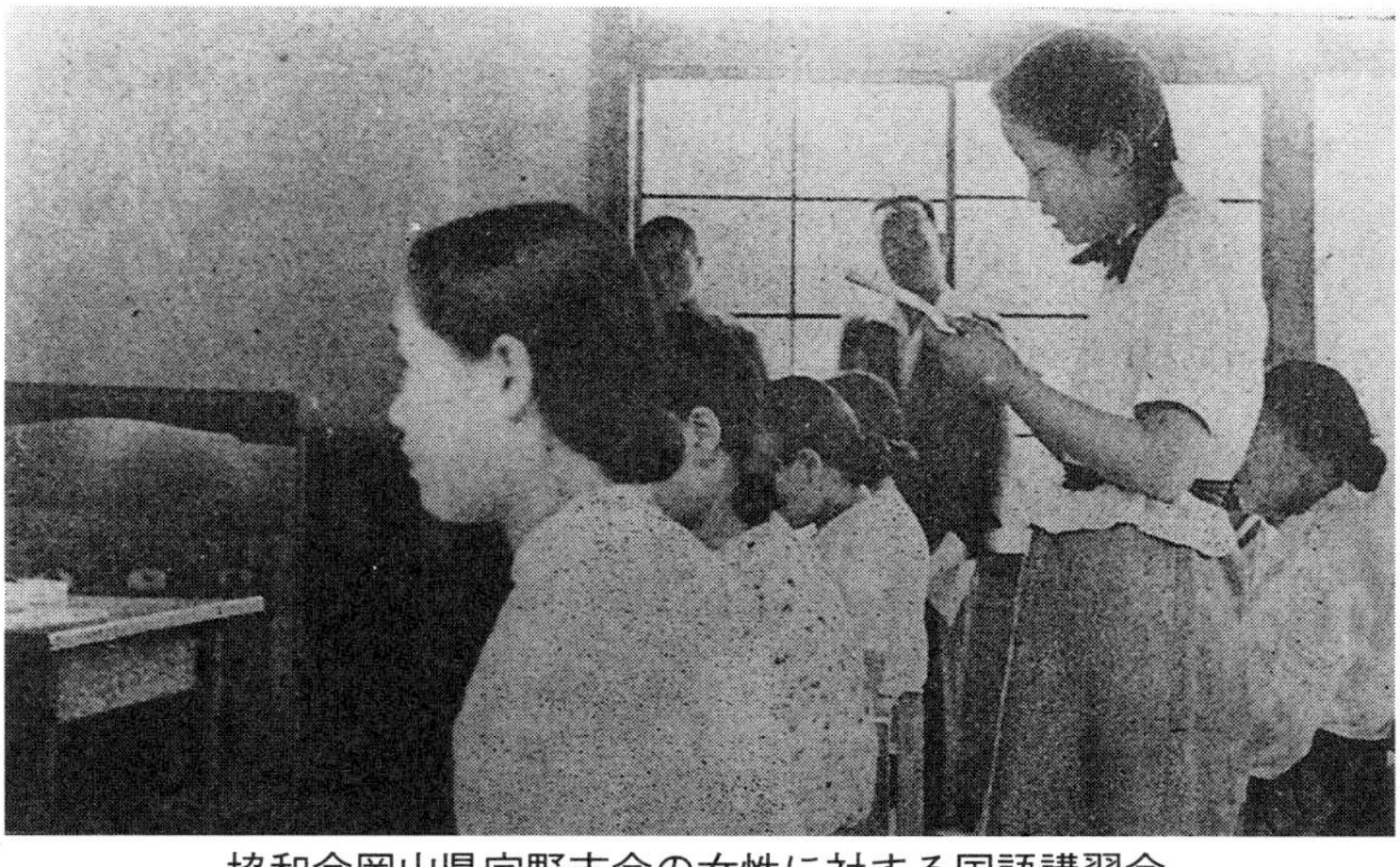

協和会岡山県宇野支会の女性に対する国語講習会
（出典：『協和写真画報』1941年）

ほかにもさまざまな皇民化政策が実施された。また、ここで実施されたことは規模や方法が若干相違するところがあったものの、強制連行事業場でも実施されていた。

ここで事細かに皇民化政策について述べたのは、ここで実施されたことは克服されたこともあるが、朝鮮人の戦後社会に影響を与えており、戦後在日朝鮮人社会を考えるうえで必要な条件の一つだからである。

次に協和会の治安対策組織としての側面についてふれておこう。

協和会は警察機構の一部に組み入れられていたことは先に見たが、具体的に京都市松原警察署管内に設置された支部の役員構成は、当初から警察特高課中心の組織であった（第24表）。

まったくの警察組織そのもので、会員である朝鮮人の意見はまったく幹事会などでは反映され得ないものであった。力をもっていたのは常任幹事の特高係長で、上意下達の統制組織であった。この下に協和会の朝鮮人補導員・指導員が置かれるようになるが、下部を支える存在に過ぎなかったと見ることができる。支部組織はこのようなものであったが、県全体の協和会組織を見ると、全国組織ができた直後の時点の一九四〇年、兵庫県協

第24表　1937年現在の京都府協和会松原支部役員一覧

支部長	警察署長	幹事	白川派出所巡査
副支部長	警部	幹事	今熊野派出所巡査
常任幹事	特高係長	幹事	本町南派出所巡査
幹事	第1、第7社会館館長	賛助員	日本人民間有力者5名
幹事	特高係巡査部長	賛助員	朝鮮人5名
幹事	司法巡査部長		
幹事	特高係巡査		

＊『京都府協和会要覧』1938年刊による。

和会は四二支部、幹事二〇五名（特高課員）、指導員（朝鮮人）七七〇名という構成であり、朝鮮人の住む県内すべての地域に協和会＝警察の網が張られたのである。

なお、朝鮮人指導員は日本語が堪能なこと、事業を行ったり定職のある者のなかから選ばれたと思われ、それまでの融和あるいは親睦団体、民族団体の責任者などから選ばれた。朝鮮人有力者は、特高課員の指示であれば、戦時体制の下では従わなければならなかった。それに朝鮮人が志願して協和会の指導員なったのではなく、指名と考えられる。朝鮮人有力者が存在したことで協和会があたかも朝鮮人のための活動あるいは朝鮮人の自主性を重んじていた、というような評価は当たらないと考えられる。こうした朝鮮人指導員の存在もあったが、肝心な方針決定などは特高課の指示のもとで全国画一的に実施された。

・治安対策的な側面としては会員証の交付がある。協和会会員証は一九四〇年から発行が開始され、写真が添付され、本籍、現住所などが確認できるようになっていた。会員全員がもたされ、就労のとき、列車乗車中の検査、帰国時、配給などのときには必ず提示しなければならず、朝鮮人特有の日本人と差別するための身分証明書となった。

・次に協和会は、朝鮮人の人口移動を把握して居住者全体の状況を監視していたのである。地域に住む朝鮮人は土木労働者が多く、各就労職場も安定的でないため移動することが多数あり、この把握が必要であった。これは在日朝鮮人の軍属動員、徴用のときなどに正確に把握する必要があったからである。

・不正渡航、一時「帰鮮」証明発行は協和会にとって重要な仕事で、朝鮮からの「不穏思想」の持ち主の日本渡航を阻止するねらいがあった。国内治安維持は特高課業務の柱で、朝鮮人の動向調査は重要な仕事であった。朝鮮人は現在の在日朝鮮人と違い故郷との往復を頻繁にしており、警察の了解なしには証明書は発行してもらえず、帰国理由を聞いたり再渡航の理由を確認し証明書を発給したのである。朝鮮人を協和会に縛りつけておく有力な材料になった。

・創氏改名は一九四〇年に実施されたが、日本国内居住朝鮮人にも強制された。受付は警察署につくられた窓口で行われ、警察は「代書」までして改名手続きを行った。協和会＝警察に指示されれば、手続きをしなければならなかったのである。各警察署で徹底して行われ、大半の人々が創氏改名を行った。このときに名乗った姓名を現在でも慣行的に使用している人も存在することに示されるように、深刻な影響を与えた。日本人と同じような名前に変えた場合でも、名前を変えても本籍、戸籍移動の自由はなかったので、簡単に朝鮮人であることの区別ができたのである。

・徴用は、徴用令が朝鮮人にも適用されると、在日朝鮮人も炭坑・土木現場・工場に一定期間動員された。こうした組織的動員は徴用に限らず日常的に行われた。例えば町内の日本人が兵士として動員されると、兵士の見送りに行かなければならなかった。この際には協和会として行く場合もあったが、隣組の動員もあり、どちらに応ずればよいのかという質問が協和会の会合で寄せられたこともあった。

・朝鮮人の徴兵は一九四四年から実施されたが、在日朝鮮人は日本国内で検査を受け徴兵されたのであるが、この準備の戸籍整備、寄留届などの準備は市町村役場で行われた。このための適齢朝鮮人の調査は協和会が担当し、手続きも協和会が行い、市町村は全面的に協和会に依存して徴兵が実施された。

このような皇民化と治安対策のなかで朝鮮人の統制は強化され、監視されながら生活したが、当局の思いどおりにはいっていなかった。

まず、言葉が通じない人々には朝鮮人指導員を通じて指示を出したが、相対的に指導員の力が強くなり、指導員のいい分も認めざるを得ない場面もあった。とくに朝鮮人集住地区では神棚設置がうまくいかなかっただけでなく、日本語の講習をやっても集住地ではほとんど日本語を使用することなく生活ができたし、日本語を話したりすると日本語を知らない年輩者に叱られるため、朝鮮語が生きていたのである。東京府協和会の指導員をしていた金鐘在は、その著作の『渡日韓国人一代』のなかで、「補導員という役目の手前もあって私は同胞達の集落を訪れるようになった。私の前には意外に新天地がひらけた。日本人の世界から隔絶していたためもあって、そこには太平洋戦争下で緊張しきっている日本とは、まったく世界を異にする素朴でゆたかな生活がくり広げられていた。とくに夜は別世界であった。密造したマッカリ（朝鮮のどぶろく）がありニンニクとうがらしのきいた漬け物があり、酔いがまわるにつれて口をついて故郷の民謡がつぎつぎに湧いて出た。日本の虐政を嘆き悲しむ青春歌もでればアリラン、トラジ、ノートルカンベン、遊ぶ川辺、蘇上八景、春香歌などありとあらゆる歌が続いて、夕方六時頃から飲み始めた宴が午前二時、三時までつづくこともめずらしくなかった」と記している。戦後の回想であるから割り引いてみても、当時の集住地区の様子がわかる。この時期には土木労働者の賃金もいくぶん上昇し、表面的には厳しく禁止されていたマッカリが公然と飲めたのである。ここには強制連行労働現場から逃れてきた人をかくまうこともできたし、軍関係工事でも労働者が極端に不足していたので働く場所には不自由しなかった。「笛ふけど踊らず」という戦時体制に消極的な態度をもつ面が強かった。

こうした側面が存在する一方で、日本の学校に在学する若者などのなかには日本の勝利を信じていた人もいた。とくに皇民化政策をまともに受けて皇国少年として過ごした朝鮮人も存在した。一九四四年には、在日朝鮮人児童数は二〇万人を超えているのである。協和会の行った行為は、生物学的な「命」こそ奪わなかったものの、精神的には朝鮮人としての民族的精神活動を一部消滅させ、深い傷を残すことになった。二世在日朝鮮人として育った若者の大半は、戦後社会で新たに朝鮮語を学び朝鮮人として生き直さねばならなかったのである。例えば、日本人が身近に見ることのできる文学作品を残した金達寿や在日朝鮮人朝鮮史研究者の朴慶植らは戦後になって改めて朝鮮語の勉強を始めている。この階層が戦後在日朝鮮人社会の有力構成要素となった。

一九四四年から四五年になると日本の敗色が濃くなり、朝鮮人のさらなる協力を取り付け治安対策上も配慮しなければならなくなった。政府と総督府は一九四四年十一月四日に「朝鮮及び台湾住民の処遇改善に関する件」を閣議決定した。在日朝鮮人に関することでいえば、渡航制限の撤廃などの規制緩和策であった。この過程で協和会は一九四四年十一月二十日に中央興生会と改称され、全国の協和会もすべて「興生会」と名を改めることとなった。しかし、警察を中心とする基本機能に変化はなく、日本の敗戦まで名目上は「興生会」という名で在日朝鮮人統制機構を維持し続けていく。この組織が解体したのは朝鮮人が解放を迎えた八月十五日の後、十月四日の連合国軍の特高警察の廃止指令によって初めて終止符が打たれたのである。もちろん、日本人民衆の批判による解体ではなかったことはいうまでもない。また、この協和会について戦後論評したのは、朝鮮人の立場から日本の在日朝鮮人政策を批判し続けた朴慶植などである。この協和会という組織については教科書はもちろん、日本人の書いた近代史の概説書や研究書でもふれられることはなかった。

第七章　苦難の歴史

在日朝鮮人の歴史を生活・労働・文化を通じて見てきたのであるが、このなかに日本人にとってもきわめて重要ないくつかの事件がある。一般的な在日朝鮮人の歴史のなかに組み込むにはあまりにも「事実」の示す重みが大きいのである。ここではいくつかの事件を独立した形で取り上げ、それを歴史のなかに組み込む作業を試みたい。日本人との対立・抗争事件で朝鮮人が殺害されたり、特高警察に逮捕され犠牲になった人々のことも問題としてあるのだが、ここでは問題を三つに絞って論じたい。第一は関東大震災の朝鮮人殺害、第二は強制連行・徴兵、第三は空襲・戦災である。いずれの場合も多くの在日朝鮮人の生命を奪う結果となっているためである。これらの事項は在日朝鮮人の歴史のみならず、日本の近代史のなかでも正確に位置づけられるべき性格のものであると考えられる。

一　関東大震災と朝鮮人

一九二三年九月一日午前十一時五十八分に関東地方をおそった大地震は甚大な被害を与えた。死者のみでいえば九万九三三一人で、負傷者を含めると二〇万を超える人々が被害にあった。何の予報や準備のないままに激しい地震に見まわれ、大火災が発生し人々を恐怖のどん底に陥れた。こうしたときに根拠はなかったが朝鮮人の放火、井戸への投毒の噂が広がり、二日には朝鮮人来襲の流言となって関東全域に広がった。民衆によって自警団が組織され、軍隊と警察も加わって朝鮮人に対する殺害が始まった。中国人も殺害された。その数は数千人に達していたといわれている。鉄線で縛りつけ、竹槍で刺し殺すという残虐な方法で殺害された場合もある。

この殺害された人がどのくらいの人数になるかは、現在に至るまで明らかにされていない。とくに殺害のもっとも多かった神奈川・東京の実体は、個別の体験記に見ることができる程度である。現在は各地に建つ慰霊碑にその一部を見ることができるに過ぎない。理由は当局が徹底した報道統制を行い、事実の隠蔽を行ったからである。しかしながら、日本人の大衆的な行動あるいは軍の処置によるなかでの殺害は否定しがたい現実である。流言によって殺害に至ったのであるが、この流言は当初、米騒動のような民衆の暴動化を恐れた当局によって流されたと思われるが、横浜発生説や自然発生説もある。殺害のもっとも多かったと考えられる神奈川県の三浦郡長は、二日には朝鮮人に対する警戒を町村長に呼びかけている。官主導説がもっとも有力である。流言自体は五日になって初めて政府によって否定されるが、殺害自体はすでに収まりかけていた時点であった。政府が否定したのは、第一に殺害の事実が外国に知られた場合、批判されるのを恐れたからである。第二には大量殺害の事実が朝鮮民衆に知られるところになると、数年前に起きて沈静化しつつあった三・一独立運動が再発しかねないと判断したのである。政府は報道統制を厳しくし、殺害の多かった東京府・神奈川県では殺害報道はその後一切存在しない。数ヵ月後に報道統制が解除された千葉や埼玉で事実が報道され、殺害の事実が公にされた。東京・神奈川の殺害状況は、現在に至るまで全体像が明らかにされていない。隠蔽されたままである。

殺害事実の発掘も重要であるが、どうして民衆がこのような行動をとったのであろうか。殺害の中心になった軍隊、警察と民衆による自警団の設立経過を見てみよう。

軍隊と警察は三・一独立運動の経験から朝鮮人を「不逞鮮人」と認識し警戒の対象にしており、外国人の出入りする横浜港では朝鮮人との関係もチェックされていた。同時に警察は新しい思想潮流の社会主義思想について警戒し、震災の救援物資を積んできたロシアの救援船を追い返しているほどであった。三・一独立運動の前年におきた米騒動を展開した民衆自身にも警戒の目を向け、労働運動家と青年団の動向についても関心をもっていた。「不逞鮮人」「社会主義者」「労働者」は監視の対象になっていた。当局はこうした動向に対して警戒し、警察の主導的な幹部の松井茂は「民衆警察」「国民警察」の気風を国民がもてるようにすることを主張していた（松井茂は内務省警保局警務課長、韓国内務部警務局長をへて震災当時は警察講習所長で、『警察協会雑誌』にその主張を繰返し述べている。『松井茂自伝』による）。民衆自身が警察官としての自覚をもって行動すべきであるという発言である。警察の指導のもとに民衆に警察官的な役割をもたせ行動させようとしていた。

こうした発言に基づいて神奈川県内では、一九二三年の春には小田原、藤沢、横浜、川崎、各郡下の町村に自衛団・自警団組織が次々にできた。設立の必要については、警察署長が在郷軍人、消防団員、青年団員などに説明し警戒の対象を示している。社会主義者、朝鮮人も警戒の対象になっていたと思われる。当時の神奈川県の地元新聞『横浜貿易新報』から朝鮮人を警戒する記事のいくつかを紹介しよう。

一九二二年四月　一日付　「小田原町の電柱へ不穏文書を貼る火事頻発人身動揺の折柄不逞鮮人が入り込んだ噂」。これは社会主義者と火事、朝鮮人を結びつけた根拠のない記事である。

一九二三年七月十一日付　「不逞鮮人大破獄」など朝鮮での事件を報じる。

一九二三年七月十一日付　横須賀地方田浦では「内鮮人土工の乱闘」あり、自警団を組織せんとしている、と報道される。

このほかにもさまざまな報道があるが、一九二二年二月に平塚市の相模紡績で朝鮮人労働者が撲殺され、朝鮮人労働者はストライキを行ったり、鶴見の潮田町の朝鮮人集落に朝鮮労働総同盟の代表が二人来てビラをまいた「不穏」事件が報じられている。これは震災直前の二三年七月のことである。

こうした警戒対象になっている朝鮮人が存在したところに、自警団が活動を始めているのである。小田原、川崎、横浜などで活動が始まり、戸塚町の場合は「本団は火災盗難の予防、匪徒の警戒をなすを目的とす」と明確にうたい、警察の指揮を受けることが決められていた。一九二三年六月、藤沢署員と自警団員が市内を巡回していたところ遊行寺に放火しようとしたものを逮捕した、などの事例をあげることができる。震災前に朝鮮人を警戒し、監視する組織ができて活動を始めていたのである。

震災を契機に神奈川県内では六〇〇余の自警団が設立され、そのすべての自警団で朝鮮人を警戒し、竹槍などで武装し昼夜を分かたぬ「防備」行動を行ったのである。朝鮮人を見つけ殺害に及んだところも、保土ヶ谷などで確認できるケースもある。民衆は官主導の社会主義者、朝鮮人警戒・殺害行動に同調していたのである。神奈川は連隊区が置かれていないため軍の配置が遅く、官主導の自警団の役割が大きかった。殺害の事実を地域レベルで検討することを問われているといえよう。

朝鮮人殺害の事実は大半が隠蔽されたが、埼玉・千葉などでは報道統制が解かれたこともあって、裁判になっている。殺害が明らかになった事実については、民間人に軽い処罰をすることによって見せかけの「公正さ」を装い、殺害については「落着」したことになっている。しかしながら数千人の殺害に至る過程は官の責任を問い得ることを示しており、とくに殺害に直接関与したと考えられる軍と警察の責任、国家責任は事実の解明努力とともに明らかにされるべきであろう。また、民衆が自警団に組織されたことによって起きた殺害は、この過程を民衆自身が歴史的な教訓として学ぶことによってのみ責任がとれると考えられる。なお、殺害数は朝鮮人の調査によれば六〇〇〇余人とされているが、実数は若干少ないと考えられる（この項については樋口雄一「自警団設立と在日朝鮮人」、山田昭次「関東大震災朝鮮人虐殺と日本人民衆の被害者意識のゆくえ」などを参照されたい）。

二　強制連行と徴兵

1　強制連行

周知のことであるが、太平洋戦争の遂行過程のなかで日本は、朝鮮に対して不足が激しくなった米と労働力を動員する政策を遂行した。この結果、朝鮮社会に深刻な打撃を与えることとなった。「過剰労働力」を抱えていた朝鮮でも労働力は不足し、それに供出を強制したために農民の食糧欠乏が加わり、朝鮮内での民衆の疲弊が進行したのである。一方では、強制連行は南部農民を中心に強力に実施された。

一九三九年から一九四五年まで実施された強制連行によって七〇万人余の人々が連行された。各年を総計すると第25表のとおりとなる。わずか六年半の間に七〇万人余である。この人々は短期間ではあったが、脱走して戦後日本社会で在日朝鮮人として暮らした人々もおり、在日朝鮮人史のなかでも明確に位置づけられなければならないであろう。

第25表　強制連行労働者数

1939年	53.120人
1940年	59.398
1941年	67.098
1942年	119.851
1943年	128.350
1944年	286.432
1945年	10.622
計	724.871

＊大蔵省管理局『日本人の海外活動に関する歴史的調査』他による。

強制連行は連行方式としては、総督府と会社係官中心の募集期、総督府が指定する官斡旋期、有無をいわせない指名式である徴用期に分けて考えられている。次第に連行方式が官が一方的に決定し、強権的に組織化された。その理由は、単純化していえば、日本政府と企業が必要としたからである。だが、朝鮮人は連行対象となることを必要としていなかったということは、日本人として確認しておかねばならない点である。

日本政府と総督府はこの連行を実施する際に「手当たり次第」「無計画」に連行した事例もあるが、それだけではなく、計画的に系統立てて実施したのである。

第一に、連行地は朝鮮南部の人口「過剰地帯」から実施すること、後に南部労働者が不足すると北部からも連行は実施されたが、連行労働者数は少なかった。

第二に、連行朝鮮人労働者は農業生産性、すなわち米を能率的に生産できない零細小作農、農業労働者を選別して送出したこと。

第三には、南部地域からの動員といっても、南部のなかで一律ではなく、対象となったのは「常習的水害地」など自然災害の多発地帯や山間地域で米の生産に適していない地域から選ばれていたのである。

第四に、これら南部下層農民の大半は、日本国内の労働現場としては土木・炭鉱・鉱山などに限られていた。もちろん一部には学歴者もいたが少数であった。また、彼らの多くは日本語を解さないものによって占められていた。

第五に地主・自作農はほとんど連行されていない。一九四四年以降に南部で労働者不足が深刻になった時点で自作農も徴用の対象になった可能性があるが、それ以前はなかったのではないかと推定される。

第六に知識の必要な工場労働者としては、当時としては村のインテリで普通学校、小学校、国民学校卒業者に限定し連行したこと。日本鋼管、八幡製鉄などでは「皇民化」意識の高い人々を選抜して連行したのである。この工場連行は一九四二年春から実施された。

第七として工場に連行した人々と炭鉱・鉱山の連行者には処遇上の差があり、工場労働者は休日やある程度の行動の自由ももっていたが、炭鉱の場合は行動の自由が認められず　監禁状態で労働させられていた。

このように日本政府と総督府は朝鮮内の米の生産性を上げ、生産量確保を考慮し、さらに「過剰」農民を移動させることができれば、穀物消費を減少させる「過剰」農民処分の助けにもなると考えたのである。一石二鳥のねらいであった。この実施に当たっては、朝鮮農村社会を混乱させることのないように、農村内の有力者層からは連行せず、村のなかで発言権のない人々を連行した。農村内を階層区分することによって矛盾なく連行を実施できると考えたのである。小学校を卒業しているような農村社会中間層の人々は、日本に連行してからも工場などで働かせるなど、処遇を変えていたのである。道を歩いている人をだれかれかまわずにトラックに積み込んで連行したという証言もあるが、それは一部の事例で、全体とすれば組織的・計画的な連行を実施していたのである。また、国民学校を卒業したばかりの朝鮮人少女も不二越（富山県にある機械製造を中心にした企業）などに連行し、多くの犠牲者を出した。

強制連行労働者の処遇問題については著作や事実の発掘が各地で進められているので、ここではその特徴を述べるに止めておきたい。

1　賃金

強制連行労働者の処遇で問題となるものの一つは賃金の問題である。日本人との賃金格差が存在したのはいうまでもないが、多くの記録が抹殺されて送金額、強制貯蓄額、献金などが明確でなく、労働の報酬が正確に渡されたかどうかも明らかでない。一部残されている帳簿では送金されている場合もあり、事業所によって一部の対応が違っているのである。食事代、地下足袋代、小遣いなどを引いていたところもあり、また、貯蓄させていた事業所も多かった。いずれの場合も逃亡を恐れて現金は労働者の手にわたらないようにされていた。

2　食事

強制連行労働は重労働であり、エネルギーの補充も大切なことであったが、まったく十分でなかった。生命をおとす原因の一つにもなっていた。強制連行労働者の紛争のなかでも食糧をめぐる紛争はきわめて多いのである。なお、日本人も食糧が不足していたのだ、ということがよくいわれるが、それでは連行された他民族に対する説明にはならない。日本人には行動の自由もあり、親戚からの食料入手もできた。もちろん、賃金も全額支払われていた。

3　労働契約期間

連行は二年間と定められていたが、多くの職場で三年、四年と延長されて労働させられた。強硬に帰国を主張した場合は帰国を認められた事例があるが、その際も再渡航が勧められた。当局は労働者を確保するために朝鮮から家族を呼び寄せさせたりして工夫したが、労働がきついため、帰国希望はきわめて強かった。にもかかわらず帰国させなかった。このため帰国をめぐる労使紛争が各地で起きている。

なお家族呼び寄せは、初期の連行労働者の募集労働者から実施されたが、家族を呼び寄せたものは一九四三年十二月末現在で一万四一二七人で、このために渡航した家族は四万一五八人に達している。その後も増加したと考えられる（数字は『特高月報』一九四四年二月号）

4　怪我と病気

炭鉱や土木現場、工場は怪我や病気になったり、死亡する場合が多かった。戦時下には安全より増産が至上命令であり、作業が優先されたのである。七〇万余の連行労働者のうち、何人が病気になったり怪我をしたり、あるいは死亡したのであろうか。ところが現在までのところ、官権資料でも四五年の日本の敗戦以後の資料でも、まったく明らかにできていない。個別事例で資料を一部調査した結果が明らかにされているに過ぎない。

神奈川県相模湖ダムの水は現在でも京浜地区の水瓶となり、重要な役割を果たしているが、戦時下に始まった工事で、すでに日本人労働者は集めることができず朝鮮人と中国人労働者によって完成した。この工事で死亡したとされているのは朝鮮人一七名、中国人二八名であったと調査されている（『相模湖ダムの歴史』『相模湖町史』）。なお、相模湖湖畔には犠牲者名が刻まれた碑が建てられている。

常磐炭田は炭質はよくないものの京浜工業地帯に近いこともあって、戦時末になると増産に力を注いだのであるが、ここにも多数の強制連行労働者が働いていた。この炭鉱の犠牲者については長澤秀『戦時下常磐炭田の朝鮮人鉱夫殉職者名簿―一九三九・一〇～一九四六・一―』という詳細な研究があり、他の事例もあると考えられるが、かなり正確な死亡者数がわかる。総数は二九二人にもなるのである（第26表）。本資料には一人ひとりの死亡原因が記録されており、落盤死、ガス爆発、頭部骨折、感電死、炭車にはさまれる、などさまざまな労働に伴う直接的な事故がもっとも多かった。

こうした事実が明らかになっているところは少なく、大半が犠牲者数もわからない状態であり、「強制連行は過去のこと」であると結論づけることのできない課題を提示している。

明確な数字ではないが、内務省が作成した『社会運動の状況』一九四二年版によれば、一九四二年末の「移入者」（強制連行労働者）現在調があり、その調査事項に強制連行者の「減耗数」として「不良送還」者数と「その他」の数があげられている。このうち、「不良送還」とは頻発した紛争・ストライキなどの参加者・指導者などであったと思われる。一方、「その他」の場合は内容が書かれていないが、病気・怪我、あるいは死亡で返された人々の統計が含まれていないため、それではないかと考えられる。一九四二年末までの募集と官斡旋の合計の連行者二四万八五二一人のうち、一万七八三七人がその他で「減耗」しているのである。連行者の約七パーセントにもなる人々が病気・怪我で帰国したか、死亡したと推定される。

第26表　常磐炭田強制連行犠牲者数

区　　分	死亡人員
業務上の公傷病による死亡	176
業務外の私傷病による死亡	61
区分不能	12
鉱夫・非鉱夫の区分不能	43
計	292

＊私傷とされているが病死が大半で、単純な私傷とはできないと思われる。
＊前掲長澤資料から（同資料は1988年刊）

5　逃亡

朝鮮農民が連行され、炭鉱労働や危険な土木現場の重労働に耐え兼ねて逃亡したり、初期連行者は一般渡航が認められず募集に応じた人もいて現場の労働に耐え切れなく逃亡したのである。この逃亡は前掲史料では二四万八五二一人の連行者に対して八万九八四〇人にもなっている。逃亡率は三六パーセントにもなったのである。もちろん、企業は逃亡防止に努め、塀をめぐらせ厳重に警戒したが果敢に逃亡した。このうち、労務係や警察が必死に追及しても、発見されたものは一万三九五人に過ぎなかった。大半が朝鮮人一般在住者に助けられ、あるいは朝鮮人集住地区に逃げ込んだ。朝鮮人の抵抗の一つの表現であったと考えるのが妥当であろう。

6　抵抗

朝鮮人たちは、不当な処遇や暴力に対しては戦時下であり厳しい弾圧が予想されたが、果敢に抵抗した。日本人労務係は殴ることは平気であったが、殴られる側の朝鮮人は初めてのことで大きな恐怖を覚えたであろう。この暴力で怪我をしたり、命をおとす人も多かった。暴力と同時に食糧が不足し、これにまつわる問題でも争議が起きていた。このほかに二年契約の満期で帰国を認めない場合や賃金が連行時の約束と違うことなどをめぐっても争いが起きた。連行が始まってから一九四二年末までに起きた争議は七八七件、参加者四万九五三二人にも達していた。連行者総数二四万八五二一人に対する比率は約二〇パーセントにもなる。五人に一人が参加していたことになり、苛酷な処遇の反映であったと考えられよう。争議の首謀者と見られたものは厳しい取調べの後、不良労働者として朝鮮に送り返されたり、条件の悪い職場に配置転換になったといわれている。抵抗は炭鉱・鉱山に限らず、工場に動員された人々の間でも起こった。彼らも争議に参加したのである。これらの抵抗は、生命を守るという最低の人間的な要求が基本になっていた。したがって、一部待遇改善を勝ち取った場合もあるが、指導者は例外なく厳しく罰せられている。抵抗すればどうなるかを会社や警察は見せておく必要があったからである。こうした事例は、例えば山田昭次他編『百万人の身世打鈴』など、数多くの記録が刊行されているので、それらを参照されたい。

連行された農民たちは我慢できなくなるまで耐えたが、生命の危険や無謀な要求には果敢に抵抗した。抵抗はしだいに広がりを見せ、一九四五年が近づくにしたがって争議の規模が大きくなり、彼らの存在が警戒すべき重要な治安対象となっていった。

7　徴兵

在日朝鮮人に対しても、軍属としての動員、陸軍・海軍兵士としての動員が実施された。

軍属動員は朝鮮からも送られたが、日本からも土木労働者を中心に送り出されたのである。南方を占領した日本軍が基地をつくることが必要になったからである。それには土木工事を経験した、しかも日本語に堪能な在日朝鮮人が対象になった。最初に動員したのは海軍で一九四二年十月に日本国内で四二九三名が集められた。東京の六三〇人を始め、各府県単位で動員された。各県協和会は軍属の送出を盛大に行い、日本軍の兵士送出風景と違わない形で送り出された。愛知県協和会熱田支部では警察署のなかで壮行会が

東京都協和会の狛江錬成所で行われた在日朝鮮人青年を徴兵するための訓練風景（出典：『アサヒグラフ』1944年７月12日号）

開催され、署長を始め特高課員、在日朝鮮人が列席して行われた。愛知県からは二〇〇名が南方に送られたが、熱田署では〇〇名とされているので一〇人以上の朝鮮人が送り出されたものと思われる。一九四三年にも同様な風景が展開されて、軍属送出は行われていた。

兵隊としての動員は、朝鮮で志願兵制度が実施され日本国内で協和会体制が充実すると、日本各地から志願するようにすすめられ、合格者も出るようになった（日本国内の兵的動員は樋口『皇軍兵士にされた朝鮮人』）。

一九四二年五月に朝鮮人に対する徴兵制実施が発表された。日本軍は兵力の消耗が激しく、定員割れの組織になりつつあった。時期が早いとの意見もあったが決定され準備が始まり、戸籍整備、寄留簿整備が、日本国内では一九四三年二月二十日から三月一日まで、協和会指導員四万人余を動員していっせいに調査された。在日朝鮮人徴兵対象者は二万三八〇九人が確認された。対象となった青年には「壮丁錬成要項」に基づいて修身、国語、教練などの科目の錬成が協和会単位で実施された。徴兵の実施を急ぎ、一九四四年春から徴兵検査を始めた。在日朝鮮人の場合は居住地で受験できることとなっており、国内兵事区で事務が行われたのである。一九四四年八月二十九日、日比谷公会堂で協和会主催で入営記念式典が行われて、南次郎前朝鮮総督が挨拶を行うなどして壮行会が実施された。町村の各地域でも日本人兵士の壮行会と同様に、朝鮮人兵士の「出征兵士」の送出風景がくり広げられた。在日朝鮮人は日本国内の部隊に配属されることとなっていたが、総計二二六〇人が徴兵されたとされている。

軍属・兵士にされた人のなかからは多くの犠牲者を出すこととなった。とくに日本国内から送出された軍属は南方の島々での連合国軍との戦闘に参加させられ、巻き込まれて死亡した人が多い。この犠牲者数もまったく明らかにされていないだけでなく、調査自体も放置されているのが現状である。なお、朝鮮を含めた朝鮮人軍人・軍属の死亡者総数は政府公式見解では二万一九一九人とされている（樋口雄一『戦時下朝鮮の民衆と徴兵』）。

三　在日朝鮮人戦災者

在日朝鮮人戦災者は第27表のとおり二三万九三二〇人に達する。この数字は厚生省が作成した資料で、米陸海軍関係文書のなかに含まれている資料から得たものであり信頼性が高いと考えられる。資料に「内

第27表　日本国内在住朝鮮人戦災者概数

北海道	300	東　京	51,300	滋　賀	0	香　川	500
青　森	200	神奈川	10,100	京　都	60	愛　媛	700
岩　手	200	新　潟	100	大　阪	83,900	高　知	400
宮　城	200	富　山	600	兵　庫	20,500	福　岡	10,200
秋　田	0	石　川	0	奈　良	0	佐　賀	0
山　形	0	福　井	3,500	和歌山	2,900	長　崎	7,900
福　島	60	山　梨	600	鳥　取	0	熊　本	700
茨　城	600	長　野	0	島　根	0	大　分	400
栃　木	100	岐　阜	2,200	岡　山	2,200	宮　崎	200
群　馬	500	静　岡	2,500	広　島	12,900	鹿児島	900
埼　玉	500	愛　知	2,200	山　口	7,500		
千　葉	500	三　重	1,600	徳　島	200	計	239,320

＊「陸海軍関係文書」による。

地在住朝鮮人戦災者概数」とあり、概数であるという前提に立っても実態に近づく貴重な資料である。これによれば、在住朝鮮人総数の一割が被害にあったこととなる。

大阪・東京の被害が多いが、東京は下町を中心にした四五年三月十日の大空襲があり、大阪は中小工業地域がねらわれたのである。広島・長崎は原爆の被害で政府の発表している朝鮮人被害者数としては貴重である。原爆による被災者は七万人、死亡者は四万人とする説がある（朴秀馥『被爆韓国人』）。

戦災・空襲の記録はいろいろと刊行されているが、早乙女勝元『東京大空襲』から朝鮮人に関する一節を引いておこう。豊洲にあった石川島造船所では、「祖国から無理強いに引っ張ってこられた一五歳前後の青少年二百数十名が同造船所州崎寮にたどり着いてのは三月九日夜七時のこと。かれらが形ばかりの夕食をすませ、はじめて他国での眠りについた夜は死の夜だった。生き残った者はわずか四名にすぎなかったという。……ほとんど全員があっけなく焼死し」てしまった、と記録している。こうした光景が全国でくり広げられた。

このように被害が大きいのはどのような理由なのであろうか。朝鮮人一般在住者と工場への強制連行労働者は都市に住んでおり、しかも多くが工場地帯に近接し、あるいは工場のなかで関連をもって生活していた。工場への攻撃が空襲のねらいの一つであったから周りも爆撃されたのである。したがって、まともに被害を受けることになった。また、大阪・東京などは下町の朝鮮人の多い小工場などに徹底的な爆撃が加えられたために被害を多くしたのである。

この統計には含まれていないが、重要工場の周りにあった朝鮮人集住地区は、日本人家屋を含むが建物疎開という名で撤去させられたのである。工場を空襲の火災から守るためであった。神奈川県川崎市の日本鋼管の周りでは朝鮮人が多く住んでいたが、近在に移住しなければならなかった。

また、大規模空襲があり、日本は何の反撃もできないという危機的な状況のなかで、内務省警保局の刊行する『特高月報』では「かつての関東大震災と空襲を結びつけ疑心暗鬼に駆られ」ている朝鮮人を危険と見る日本人の存在を報告している。こうした受け止め方が危機のなかで日本人に生まれていたことは、日本人の朝鮮観とも関連し注目される。

このような日本人の感覚に対し朝鮮人は不安を覚えながらも、なすすべのない日本軍の状態と大規模空襲を繰り返す米軍航空機を見て連合国軍が勝利すると評価して、空襲のあった工場からは働くところがなくなったこともあり大量に避難・逃亡していた。また、朝鮮人たちはつてを頼って他地域に移った人も多く、さらに貯金を下ろして空襲のない朝鮮への帰国を始める人もいた。

なお、空襲によって死亡などの被害を受けた人々に対して、被害の人数などの実態調査が行われていないだけでなく、日本人を含めて何の補償もなかった。建物疎開被害の場合も同様であった。

四　戦前期の在日朝鮮人と日本

朝鮮人は困難な生活を続けながらも、日本社会のなかでの暮らしと労働を総括的に見ると、彼らの果たした役割に気づかされる。いくつかを揚げておこう。

・一九二〇年代後半になってからの日本各地で、土木工事現場には必ずといってもいいほど朝鮮人労働者の姿が見られるようになった。河川改修、ダム工事、鉄道工事などである。現在のような機械は導入されておらず大量の人力によって工事が行われ、朝鮮人労働者が働いた。とくに昭和恐慌下に失業救済土木事業が開始されると、さらに多くの朝鮮人労働者が就労した。ダム工事、河川工事、道路、鉄道などの建設に果たした朝鮮人労働者の役割は大きかった。彼らの労働があって近代日本の社会資本充実ができたのである。一九四五年以前について地域の視点から見れば、現在の日本人の生活に結びつく建設的な役割を果たしたのが朝鮮人労働者であったという評価をしなければならないであろう。例えば、厚木飛行場をはじめ現在使用されている飛行場の多くは、戦時下に朝鮮人を中心にした労働者によって建設されていることにも示されている。

・戦時下になると、朝鮮人在住者数の増大に伴ってその労働の比重は高くなっていった。とくに炭坑労働者数に占める割合は高くなり、戦時エネルギー源であった石炭生産では平均して四割以上にもなっていた。高いところでは七～八割に達していた事業場もあった。強引な生産体制で犠牲者もいたが、大半の労働者は必死になって働いた。戦時下には石炭に限らず、一九四二年からは重要軍事工場にも青年たちが動員され、生産体制の一翼を担当することとなった。大半が強制連行の学歴のある若者たちであるが、八幡製鉄所や日本鋼管といった国策基幹産業には数千人規模の青年たちが働いていた。働いていた朝鮮人側の意志や事の当否は別としても、日本の戦時体制を支えていたのである。

・戦前・戦後を通じてのことであるが、在日朝鮮人は差別や抑圧に対して一致団結して果敢に戦った。戦前期の日本の労働運動、戦後初期の労働・平和運動のなかで果たした役割は大きく評価されるべきであろう。それだけに特別高等警察や戦後警察の重要な取締り対象になっていたのである。

・戦前期の在日朝鮮人の暮らしのなかで現在と大きく相違しているのは、故郷・朝鮮との往来がきわめて頻繁で、親戚との交流もさかんであったことであろう。同郷・同族的な強いつながりで結ばれていた。それは民族性を保持するうえで一定の役割を果たしていたのである。

典型的な事例のみを揚げたのであるが、朝鮮人の労働によって一部日本近代社会のインフラ整備が行われたのである。必ずしも朝鮮人側の労働しなければならないという要因によってのみ、その存在を位置づけてはならないであろう。むしろ、渡航証明制度に見られるように日本の国家が認めた労働力のみを渡航者として認めていたのであるから、国家としての労働要請に応えていたのが朝鮮人労働者であったという側面をも強調しておかなくてはならない。もちろん、これは日本人としての見方であり、当事者の朝鮮人はそのようなことを意識して渡航したわけでもなく、日本・朝鮮総督府農政の結果として、あるいは強制連行されてきたという側面を確認したうえでの位置づけとしなければならない。また、地域史的な視点に立てば、朝鮮人労働者も参加して共に地域づくりをし共生してきたことを確認することが必要である。

また、戦前期に在日朝鮮人に対して実施された皇民化・同化政策は、協和会の強力な統制を通じ在日朝鮮人から言葉など民族的なアイデンテティを奪い、それが戦後在日朝鮮人社会形成に大きな影響を与えていることも見逃せない事実である。

第二編　二世・三世の時代へ

第一章　「解放」と帰国

一九四五年八月十五日を境に朝鮮人は「解放」されたと受け止め、それは在日朝鮮人に限らず朝鮮全土は解放を祝う民衆で沸き返った。日本人の受け止め方は敗戦、あるいは終戦である。この言葉の差は一九四五年八月十五日以前の受け止め方の差であり、大きな違いが日本人と朝鮮人の間に存在したことに気づかされる。いうまでもないが大多数の朝鮮人は、日本人から「あなたは日本人である」といわれても信じておらず、日本人とは思っていなかったのである。日本政府と総督府が三六年間にわたって続けていた「内鮮融和・内鮮一体」政策は一瞬にして消し飛んでしまった。もちろん、生活習慣など一定の影響があり、解放後韓国の政治課題の一つは「日帝残滓一掃」であり、時間をかけて解決しなければならなかった。

解放を迎えた一般渡航者で構成される在日朝鮮人社会はまだ朝鮮で育った一世世代が力があり、解放を喜ぶと同時に考えたのが故郷の祖国朝鮮への帰国であった。さらに、強制連行労働者の場合も大半が家族を朝鮮に残していたので、一刻も早く帰りたかったのである。朝鮮人たちの気持ちを帰国に向けさせたのは、朝鮮が独立できることが明らかになり、新国家づくりに少しでも早く参加したいという希望をもったことであった。国をなくしたゆえの日本での苦難であったという気持ちが強かったので一層帰国を急いだ。

一　帰国の経過

日本政府は素早く在日朝鮮人の帰国要求に対応したのである。二年間の契約期限が切れても残留させようとしていたにもかかわらず、敗戦によって豹変したのである。まず、政府のとった処置を日誌風に記すと次のようになる。

一九四五年八月二十一日　連合国軍が上陸する以前だが、政府は次官会議で強制連行労働者および一般在住朝鮮人の徴用解除を決定した。同時に関係者で朝鮮人の帰国問題を検討した。

八月　三十日　山口県仙崎港から公式な帰国船第一船として興安丸が朝鮮へ向け出航した。

九月　一日　厚生省・内務省警保局の通牒で強制連行労働者を優先帰国させるように全国の知事に指示をした。

九月　四日　博釜連絡船の徳寿丸で朝鮮人軍人・軍属二五〇〇人を送還した（西日本新聞九月五日付）

まったく早い対応で連合国軍の上陸前というだけでなく、在日朝鮮人に対する占領政策の何の協議もない時点での日本政府独自の判断であった。こうした政府の判断は第一に朝鮮人軍人・軍属・強制連行労働者などがいっせいに食糧や未払い賃金を要求し始めたことにある。北海道や福島県などで連行されていた中国人労働者とともに朝鮮人が行動している。政府は一方的に早期に帰国させることで問題の解決を図ろうとしたのである。第二には連合国軍に戦争犯罪ともいえる強制労働を問われることをさけるために採られた方針であったと考えられる。これについては、そのような内容の文書が残っているわけではないが、内務省は戦争犯罪になるような兵事書類を始めとする証拠書類を各県に命じて焼却させており、結果として各府県の兵事書類などは大半が焼却処分され、残されていない一事をもってしても明らかである。地域によっては消防記録まで焼却している。客観的に事態の進展を見ると、朝鮮人側の要求に沿った形ではあったが、実質は「強制送還」に近い処置であった。鉄道輸送が混乱していたなかで日本人の輸送より朝鮮人の帰国を優先させ、四五年十二月には軍人や強制連行労働者の送還は終了したのである。もっとも一部には、女子挺身隊で強制連行された少女や南方から引き揚げてきた軍人などは日本の引き揚げ港に着いたために、四六年にずれ込んで送還が実施された事例もあった。これらは、強制連行労働者の未払い賃金問題や死亡者の補償をしないままでの送還であった。戦後処理を曖昧にしたままの日本政府の送還であった。大半の一般在住朝鮮人は一生懸命にためた一切の財産を処分し、住むところも売り払い現金化して、再び渡航することなど考えずに矢のように帰国を急いだのである。

一般在住朝鮮人の帰国は二つの時期に分けて考えることができる。朝鮮人が自主的に下関などの引揚げ港まで行って帰国していた時期と、連合国司令部が指令した組織的な帰国時期である。

第一期は、四五年十一月十三日以前に帰国した人々である。十一月十三日からは連合国軍指令による地方長官＝知事の権限による計画的送還が始まっているが、それ以前に帰国した人々を第一期として区分することができる。日本政府は、興生会をこの時期の朝鮮人帰国担当としていたが、実際は興生会の朝鮮人指導員に帰国者の世話をさせていた。だが、前月の特高警察の解体指令によって引揚げ業務を担当する所がなくなっていた。実質的には、朝鮮人たちは自分たちで下関まで行ったのである。しかし、下関港は機雷封鎖をされており、連絡船は欠航していたので、下関には帰国しようとする朝鮮人であふれるようになっていた。政府は、朝鮮からの日本人引揚者もいるため、博多と山口県の仙崎港を指定し、日本人が引き揚げてきた船を利用して朝鮮人の帰国が始まった。強制連行者が優先されたが一般在住者も乗船し、定員を超える朝鮮人を満載して釜山に向かった。その後、先の港のほかに下関、佐世保、舞鶴が加わってピストン輸送をしたが混雑は解消されず、一時は三万人が滞留していたとされている。全国から集まった人々は宿泊するところもなく、食糧も入手困難であった。野宿のようなありさまであったが、政府は特別の対応もせず放置同然の状態であった。こうした情報を得た朝鮮人は、自力で帰国船を調達し帰国する人も多かった。大阪から船をしたてて帰国した人もいた。また、朝鮮から引揚げ日本人が乗ってきた機帆船を利用した人もいた。朝鮮人は自らあらゆる努力をして自力で帰国したのである。

第二期の十一月十三日からは地方鉄道局ごとに計画的に帰国できる予定であったが、在住者の何人が帰国するかわからなかった。そこで連合国軍は四六年二月十七日に帰国希望者登録を朝鮮人、台湾出身者、中国人および沖縄県出身者に提出させることとした。この事務は市町村が行い、県が割り当てて送還計画をたて、県ごとに帰国するようになった。帰国希望者の大半は四六年九月末までに帰国した。この時点での在住者は六四万七〇〇〇人で、このうち帰国希望者が五一万四〇六〇人であったという。いかに帰国希望が多かったかがわかる。しかし、実際帰国したものは、この数字よりかなり下回った。なお、このときに朝鮮北部に帰国を希望したものが九七〇一人おり、連合国軍が交渉し帰国できることとなったが、実際帰国したのは四七年三月で三五一人に過ぎなかった。

こうして朝鮮人の組織的帰国の大半が終了したが、厚生省のまとめた数字では「一般送出が一〇一万四五四一人、強制送還三万七二一五人」で合計一〇五万一七五六人であるとしている（引揚援護庁『引揚援護の記録』）。敗戦時の在日朝鮮人数については二三〇万人という数字が実態に近いと考えられているが、日本政府は一九〇万人余であったとしている。政府がいう数字、一九〇万人であったとしても、このうち六〇万人が日本在留を続けていたとすれば、約三〇万人が自力で船を仕立てて帰国したこととなる。

また、自力で帰国したもののなかには途中で難破して死亡したものもいる。大きな帰国をめぐる事件としては浮島丸事件がある。浮島丸は青森県大湊から三七二五名の海軍関係強制連行労働者を乗せて帰国する際に、舞鶴湾で謎の爆沈事故を起こして朝鮮人五二四人が犠牲になった。この人々については、厚生省は軍属として処理されたとしている。

二　再渡航者について

朝鮮南部には日本からだけではなく「満州、中国各地、南方」からも、総督府によって政策的に送り出されてきた人々がいっせいに帰国してきた。日本からは最低一三〇万人以上、「満州」からも一〇〇万人以上が、中国各地からは二〇万人以上が帰国し、総計では二五〇万人～三〇〇万人が帰国した。ところが、朝鮮では戦時末期の統制経済が解体し、経済は混乱していた。これに、朝鮮北部にはソビエト軍が占領し、経済的には南北の交流がなくなったことも災いし、混乱に拍車をかけることとなった。朝鮮南部に進駐していた連合国の軍政は総督府機構を継承し、新政府の樹立は遅れる見通しとなった。軍事工場中心の工業は中断し供出体制も崩壊したので、流通機構も混乱した。こうした状態では一時に増加した帰国朝鮮人を受け入れてくれる職場もなく、農地を入手することも難しかった。さらに農業生産が落ち込んでいたので食糧を入手することも難しかった。日本から帰国した人々も職はなく、日本から持参したお金も減るばかりで貨幣価値も下がりつつあった。

また、一般在日朝鮮人は日本に長く居住していたために、故郷の面（村）に帰っても生活基盤になるような土地や職業を得られなかった。住む家もなかった。何でも新たに入手しなければならず、朝鮮での生活は困難であった。植民地支配の矛盾が深刻な結末を迎えていた朝鮮への帰国であった。

帰国した人たちのなかでもっとも深刻だったのは、日本国内で育ち朝鮮語を学ぶ機会のなかった青年たちであった。東京に住む在日朝鮮人のうち、一九三五年現在では二〇パーセントが東京を中心にした日本生まれであり（木村健二「戦前期在日朝鮮人の定住過程」）、その後四五年まで日本生まれの人が増加し続けており、彼らは日本の学校に通学し、大半の人が両親の朝鮮語は理解できるが、自分で朝鮮語を話すことができなかった。朝鮮語で話すことは禁じられていたので、日常語は日本語になっていたのである。

すでに解放後の朝鮮では、日本の植民地支配に対する批判・糾弾が厳しく行われており、日本語で話すこと自体がはばかられた。いったんは帰国したが、再び日本に渡航することを考える人が若者を中心に出てきた。だが、すでに朝鮮人が日本に渡航することはできなかったので、「密航」という手段を選ばざるを得なかった。したがって、再渡航者が何人いたかについては明らかでない。手段は船を仕立てての渡航が中心で、高いお金のかかる密航船であった。また、引揚げの遅れた日本人とともに渡航する人たちもいた。具体例は数多くあるのだが、日本人妻をつれて帰国した安藤富夫の記録から実状を紹介しておこう（安藤富夫『無窮花（むぐんは）』）。安藤はその後帰化し、神奈川県大和市の市会議員となっている。

安藤は二歳のときに先に日本に渡航していた父親を頼って渡航し、小学校を日本で過ごし、日本の皇国少年として成長し協和会活動にも参加していた。安藤という名は創始改名のときにつけた姓である。安藤は両親と身ごもっていた日本人妻など家族七人で朝鮮に帰国をしたのだが、事業をしようとして失敗する。その後、日本に「密航」して商品を仕入れて再び朝鮮に帰国したりしたが、それもうまくいかず、やむなく日本人の妻を連れて日本に再渡航した。二回とも船を仕立てて渡航してきた。日本人妻は朝鮮語ができないこと、日本人批判が強いことから家の外には出にくかったと記録されている。このためもあり、再度の渡航になったものと思われる。彼は再び日本で暮らすことになったのである。

他の事例でもそうだが、朝鮮戦争以前はお金を用意できれば比較的自由に往来できたが捕まることもあり、その場合は大半が強制送還された。こうして主として日本で少年・青年時代を過ごした朝鮮語を十分話せない若者を中心に相当数が再渡航し、彼らはその後、外国人登録をして日本に定住的に暮らすようになったのである。彼らは二世世代として解放後の在日朝鮮人世代の一部を構成していくこととなった。再渡航者の存在は日本植民地支配の残滓を表現しているものであり、厚生省のいう「朝鮮の混乱した経済状態」（厚生省『引き揚げと援護三〇年の歩み』）のみにその原因をなすりつけるのは誤りであろう。むしろ日本政府の責任による帰国者への朝鮮語教育など新たな対応が必要だったのである。

三　帰国をめぐる日本政府の対応

少なくとも一三〇万人に達する在日朝鮮人の帰国は、浮島丸などの悲劇があったものの無事に完了したということができよう。下関など渡航地の混乱はあったが、短期間のうちに終了した。この間、政府は軍人・強制連行労働者の送還は熱心に行ったが、一般在住者は放置されていたような状態であった。この帰国の世話をしたのは朝鮮人たちの自主的な組織である朝鮮人連盟であった。ある時期には組織をあげて連合国軍と話し合い、乗船のときなど先を争って多少の混乱もあったりしたが、引揚港での秩序ある帰国は朝鮮人の自主的な働きによってできた。

一九四五年以前は在日朝鮮人の管理・統制は特高警察内鮮係が担当していたが、特高警察自体が十月四日の連合国軍指令で解体されてしまったので対応できなかったのだが、その後、これも連合国軍の指示で市町村が、すなわち自治体が帰国の世話をすることになった。ところが自治体で朝鮮人の問題を扱っていたのは、徴兵する必要から生じた戸籍事務の一部に過ぎなかった。実質的には、朝鮮人集住地区のことなど行政は知らないし、関与もしていなかった。市町村では朝鮮人の帰国事務をするようにいわれたが、日頃朝鮮人に接触していないため、実質的には何もできなかった。そこで各府県では知事名で輸送計画をたてるときの指示を出し「朝鮮人連盟、警察署、最寄駅の協力を求めてください。連盟にも、警察にも協力方については再三お願いしてあります」という公文書を出している。こうして朝鮮人連盟中心の帰国体制が整えられていく。政府の引揚援護局も一定の役割を果たしていたが、具体的な業務は朝鮮人連盟によって行われたのである。舞鶴港で朝鮮人連盟で実際に帰国者支援の業務に就いていた朝鮮人の証言によれば、朝鮮人青年たちが中心となり、「朝連」という腕章を巻いた若者たちによって帰国者の対応をしていたのである。この舞鶴からは約三万人が帰国し、雲仙丸・白竜丸などの海軍艦艇も参加していたと記録されている（崔碩義「八・一五前後の舞鶴の思い出」）。日本政府は帰国の手続きはしたものの、実際の業務を行ったのは朝鮮人の組織であったことは明らかである。

一方、日本は連合国軍の占領下にあったのだが、連合国軍は日本で働いていた強制連行労働者や在日朝鮮人については明確な対応指針をもっていたとはいえず、帰国要望に沿って対処していたに過ぎない。すなわち四五年十月十三、十四日に帰国者宿舎の確保、帰国者登録の実施を指示していたに過ぎない。一九四六年二月には、連合国軍は在日朝鮮人の帰国希望をまとめることを指示し、三月十八日には登録が実施された。この結果は、

在日朝鮮人総数　　六四万七〇〇〇人
帰国希望者　　五一万四〇六〇人
朝鮮北部帰国希望者　　九七〇一人

となったが、実際に朝鮮南部に帰国したものは、このうちの八万二九〇〇名に過ぎず、五〇数万人が日本に在留を続けることとなった。このとき、すでに帰国した人々を含めて四五年以前の朝鮮人処遇の問題は連合国軍から日本政府へは一切問われることはなかった。朝鮮農民の強制連行、日本国内での労働と犠牲者などについて明確な対応がされるべきであったが、連合国軍のなかにあった民主主義的な対応については在日朝鮮人政策には生かされなかったのである。

日本政府の対応も、日本国内から労働者として必要としなくなった朝鮮人の帰国を治安対策という名によって急ぐことを目標としていたのみであり、補償問題にはまったく対応しようとしなかった。政府と治安当局は、朝鮮人が帰国することによって戦後国内治安体制が安泰となるという側面を重視していたのである。なお、この間、朝鮮人側は不払い賃金などを要求していたが、政府はこれに答えるシステムをつくらなかったというべきであろう。

ともあれ在日朝鮮人の大半は帰国したが、とりあえず日本に在留する道を選択した人々がいた。帰国は希望していたが、朝鮮南部の混乱とすでに故郷を離れて時間がたって朝鮮での土地の入手や生活方策の目途がたたなくなっていた人が多かったのである。先の帰国希望者調査の総数六四万七〇〇〇人から朝鮮南部帰国者八万二九〇〇人、北部帰国者三一五人を引くと、五六万三七四九人となり、登録しなかった者や再渡航者を含めると在日朝鮮人口は約六〇万人前後と推定される。

第二章　敗戦直後の生活

在日朝鮮人の大規模な帰国が続くなかでも、朝鮮人の日本国内での生活は継続・維持されていた。朝鮮人も日本の敗戦後の経済的な混乱をまともにかぶらざるを得なかった。雇用されていた工場や土木現場など、朝鮮人が就業していた職場は職場自体が事業を縮小、あるいは平和産業に転換しなければならなかった。とくに多くの朝鮮人が就業していた軍の直轄工場や飛行場建設現場など土木工事では解雇を余儀なくされたのである。朝鮮人の大半が職場を失うこととなった。こうしたときに「満州」や朝鮮、台湾から日本人が引き揚げてきた。また、戦場にいた軍人も帰国してきた。敗戦直後で、これらの人々を受け入れる余地は日本国内には少なかった。一部は新たな開拓地を求めて日本国内各地に入植したが、それでも十分ではなく、街には失業者が溢れていた。朝鮮人差別が存続するなかで、朝鮮人が日本で職を得ることは以前にもまして厳しくなったのが敗戦後の実情であった。

ここでは一九四五年から一九五〇年の朝鮮戦争開始前後の朝鮮人の生活について、それ以前との比較をしながら見てみよう。

基本的な変化の一つは日本と朝鮮間に通常の往来が認められなくなったために起きた諸問題である。朝鮮への渡航は帰国でなければ当面は認められず、朝鮮からの渡航もできなくなった。日本は一九五二年までは占領下であり、朝鮮南部は一九四八年まで占領行政が継続していた。代表的な移入物資であった朝鮮米はもちろん、唐辛子や乾し魚などの朝鮮特有の物産も公式には入手できなくなった。親戚との往来や冠婚葬祭の場合でも交流ができなくなった。これは物資だけの問題ではなく、朝鮮本国との文化の断絶が始まったことを意味している。朝鮮の一般的な情報はニュースなどで知ることができたが、六〇万人の個々の在日朝鮮人は朝鮮世界から孤立させられてしまった。この朝鮮との物資と文化の断絶状況が四五年以降の在日朝鮮人の生活にさまざまな影響を与えることとなった。戦後の在日朝鮮人の生活の第一歩は南北を問わず「祖国」との断絶から始まったのである（朝鮮人は四五年以降を解放後と表現しているが、ここでは戦後あるいは敗戦後という日本人の用語を使う）。

以下に敗戦直後の在日朝鮮人の生活について、いくつかの特徴的な事項に分けて見ておこう。

一　職業

敗戦前の都市における朝鮮人は定住的な要素をもっていたが、その背景には一定の職業が確保されていた。一九四五年以前から地域に結びついて継続していた職業としては、大阪・神戸のゴム工場、西陣の織物関係、瀬戸の瀬戸物工場、各港の港湾労働などであったが、朝鮮人の帰国によって規模は小さくなっていたと考えられる。また、都市生活をしていた人々の職業は小工場の労働者が中心であったが、工場地帯に対する空襲で打撃を受けて大きく変貌せざるを得なかった。だが、大阪のゴム関係事業のような平和産業に転換しやすい業種では敗戦直後から再生したと考えられる。

また、それまで朝鮮人が主に行ってきたような労働にも、深刻な失業状態のなかで日本人が就業するようになり、朝鮮人の職域はさらに狭くなった。こうした背景のなかでインフレが進行し、経済再建が叫ばれる。そして、米政府が派遣したドッジ（ドッジライン）によって財政再建が進められ、零細業者に倒産するところが多くなり、資本基盤の弱い朝鮮人の事業は次々と倒産に追い込まれた。ドッジの政策の中心は税制改革であったから、朝鮮人に対する徴税も強化されていくことになり、これも生活負担の増加となっていた。日本人を含めた失業者の増大に対して、一九四九年に政府は緊急失業対策法を成立させ、失業対策事業が実施された。朝鮮人も大量に登録し就労していくことになる。この事業も多数の失業者の一部の救済に過ぎず、一九五〇年六月に始まった朝鮮戦争の特需に沸いた時期も朝鮮人の生活状態に改善は見られなかった。したがって、朝鮮人の組織として生まれ活動していた朝鮮人連盟は、運動の柱として結成直後から生活権擁護闘争を掲げ、このための朝鮮人生活擁護委員会を組織し、ニュースを一九四五年末から発行して運動を展開しなければならなかった。この生活擁護運動は全国各地の行政に要望書を提出したり、交渉を繰り返していた。川崎市でも市長交渉が繰り返されていたが、神戸市では長田区役所に生活保護法の適用などのスローガンを掲げてデモを行っていた朝鮮人と警官隊が衝突し、多くの朝鮮人が逮捕されるという事件も起こっている（堀内稔「一一・二七神戸朝鮮人生活擁護闘争」）。

こうした運動が展開され、生活保護の適用や失業対策事業のいくぶんかの就労増加はあったものの、全体の生活水準を上げることはできずに、生活はさらに困難となった。朝鮮戦争下に特需によって潤った大企業とは無縁であった。朝鮮戦争でくず鉄など金属類が高くなり、朝鮮人のなかにくず鉄拾いと廃品回収業が再びさかんになったが、これも一時的なものに過ぎなかった。

また、一部の朝鮮人がかろうじて新たに就業ができたのは、都市の焼け跡などに自然にできた市場での商売であった。

すでに敗戦以前から日本国内の配給体制のもとでは栄養を補給することができないため、いわゆる「闇」の流通ルートができており、日本人の多くも闇市に商店をもち働いていたが、これに焼け出された朝鮮人なども従事していたのである。敗戦後には都市で戦災にあった朝鮮人を中心に小規模な取引をする小商店が出現し、焼け跡を中心に小規模市場が成立する。

これを闇市ということが多いのであるが、これがなければ日本人を含めて都市生活が成り立たないという側面があった。戦後刊行されている各地の警察史や市町村史のなかには闇市を支配していたのが朝鮮人と「台湾人」であり、あたかも悪の溜まり場であったような表現の「第三国人」という言葉で闇市について述べている。しかしながら、第一に「闇市」の存在自体は政府の物資流通機構が破綻し、配給体制が完全でなくなっていたことによる取引の形態であり、事実、政府は闇市の存在自体を消滅させるような施策を取り得なかったのである。暗に政府が認めていた流通形態の一つであったという側面が強い。第二点として闇市があたかも朝鮮人と「台湾人」の独壇場であるかのような表現をしているが、携わっていた人々の人数は当然のことながら日本人の方が多かったのである。客の大半は日本人であったし、店も日本人の商店が多かったと思われる。確かに一部朝鮮人、「台湾人」のなかには無賃乗車をしたり、市場の取締りに当たって警察に抵抗した人々もいたが、彼らのみで「闇市」が存在したのではない。むしろ戦前からの取締りの対象としてきた治安対象としての朝鮮人に対する抑圧として、「闇市」取締りが機能していたのではないかと思われる。第三に「闇市」の主人公のような評価をされる朝鮮人を「第三国人」という言葉で表現し、これが戦後日本人の新たな朝鮮観を形成する要因になったのである。したがって、朝鮮人の職業の一つであった戦後主要都市にできた小規模市場を「第三国人」が暗躍する「闇市」と表現するのは誤りであるといえよう。むしろ、この小規模市場が存在したからこそ戦後日本人の都市市民生活が維持できたという側面を見るべきであろう。

二　住宅事情

空襲のなかった京都などと都市近郊の土木現場は朝鮮人の集住地域が継続して存在したが、そこの居住者が帰国した後に、それらの地域にも焼け出された日本人と引揚者などが暮らし始めた。また、空襲被害のあった地域には疎開する農村をもたなかった朝鮮人が自分で小屋を建てて住み始めた。焼け跡の木材やトタンを集めて小屋を旧来の集住地区や駅周辺の空き地に建てた場合もある。こうした条件のところ以外に朝鮮人は家を建てられなかった。日本人は戦前と同様に、朝鮮人に家も土地も貸さなかったのである。これらの家屋面積、屋根などの構造は臨時的・応急的に建てたもので、それまでの住宅より条件が悪かったと考えられる。

戦後の朝鮮人住宅事情のなかでもう一つの大きな特徴は、日本人住宅の不足も戦前にもまして深刻であったために、朝鮮人集住地区のなかに日本人が住むようになったことである。こうした「混住」地域は東京の集住地区の典型の一つである枝川町を始め全国に広がった。もちろん、一部には圧倒的に朝鮮人の比率が高い地域が存在したが、それまでに少なかった混住が普通に見られるようになった。日本人と朝鮮人が隣に住むようになった。これは日本人にも影響を与えることとなったが、むしろ在日朝鮮人に日本文化の影響を与える結果になっている。朝鮮人の職業と同様に、公式統計上も在日朝鮮人の住宅条件はよくならなかったのである。

三　衣食

敗戦直後は日本人も含めて衣食は不足し、全体としては配給体制のなかでまかなわなければならなかった。在日朝鮮人男性は日本人と変わらない服装であったが、女性はまだ朝鮮服を着ているものも多かった。とくに地方都市では女性は朝鮮服を着て、川で砧を打ち洗濯する風景が見られた。しかし、戦後日本社会の洋服化に伴って、若い朝鮮人女性の洋服化が次第に進んだと思われる。これは配給品で衣類をつくらねばならなかったこと、日本人との混住が進んだことが関係し、一方では朝鮮から朝鮮服地にする繊維品の輸入ができなくなったためである。

食は集住地区では伝統的な料理がつくられていたが、食糧難は朝鮮人も同様であり、その入手が困難であったといわれている。こうしたなかで都市と都市近郊では戦前期からつくられていた濁酒（マッコリ）の製造を家庭で行い、それを販売して食糧を入手することが多かった。また、モツの煮込みなど日本人には普及していなかった食材を使い簡易な飲食店を開き、マッコリを提供した。それらは安価であり、日本人労働者に急速に普及していった。

朝鮮人の多い都市にはかなりの数の朝鮮料理店が再び開店し繁盛していたことは、朝鮮人が刊行するようになった新聞・雑誌など各種刊行物からも明らかである。

なお、どのような朝鮮人家庭でもキムチは漬けており、それは最近まで変わらぬ伝統であった。ただ、敗戦直後の食に関しての資料は発見できていない。いくつかのヒヤリングのなかで確認できるのみである。

ところで、この時期の在日朝鮮人の生活のなかでもっとも輝かしい部分は、子供たちに対し朝鮮人として生きる教育を始めたことであった。

四　民族教育の出発

朝鮮人は解放され帰国を考えていたが、周りを見回すと子供たちは朝鮮語を知らず、カガッピョも読めなかった。前にも述べたように、学校ではもちろん、あらゆる場所で朝鮮語は禁止されていたため、読み書きはまったくできなかった。小学校に通学している子供だけではなく、それまで日本の小学校教育を受けた青年層も同様であった。皆が親や集住地区で話す朝鮮語を耳で聞けて、意味が理解できる程度であった。このようななかで、集住地区の有識者を中心にただちに簡易な学校がつくられて勉強が始まった。神奈川県大和市は日本軍の厚木飛行場や雷電などの航空機をつくっていた高座工廠があり、土木工事がさかんで朝鮮人が住んでいたが、相模大塚駅近くの朝鮮人土木工事宿舎ではさっそく学校がつくられた。特別な校舎はなかったが、知識のある人が先生になり教え始めたのである。やがてこの学校が朝鮮人連盟下の学校となり、その後草柳小学校に統合されたが、町田の民族学校に引き継がれるという経過をたどった。東京では戸塚ハングル学院が始められた。名古屋の中村区熊野通りの朝鮮人住宅の二階で二十数名のこどもに国語と算数を教える学校が始ったのは四五年九月下旬であったが、関係者の回想によれば、それ以前は「当時は敗戦の直後で、日本の学校もごたごたしていたので、子供達の毎日の世話に困ったし、それに祖国に帰る場合を考えると、たとえ国語の一字でもと思って」国語と算数の授業を始めたと記録している（名古屋市立牧野小学校分教場『私たちの歩み』。この市立分教場は朝鮮人学校解散後に朝鮮人児童を収容していた学校で、小規模であったが、こうした学校は敗戦後に全国で同時に始められたといってもよい。

第28表　朝鮮人による民族学校の設立

	初等学校			中等学校			高等学院		
	学校数	生徒数	教員数	学校数	生徒数	教員数	学校数	生徒数	教員数
1946	525	42,182	1,022	4	1,180	52			
1947	541	56,961	1,250	7	2,761	95	8	358	59
1948	455	48,930	1,229	7	2,416	65			
1949	288	32,368	955	16	4,555	163			

＊朝鮮人連盟関係資料から作成

一九四五年末には国語講習所が概数だが二〇〇ヵ所、受講人員は二万人に達していたとされている（魚塘「解放後初期の在日朝鮮人組織と朝連の教科書編纂事業」）。

自然発生的にできた各地の学校は次第に教科を増やし、教員も養成し設備も整えていった。そこには朝鮮人の戦後初の組織である朝鮮人連盟の統一的な指導があった。それにより整備されていったのである（第28表）。学校が設立されると同時に、まずハングル語教科書がつくられ、朝鮮歴史など朝鮮語で書かれた各教科の教科書がつくられていった。

朝鮮人の子供と青年たちは初めて自らの言葉である朝鮮語を知ることができた。設備や教科書の十分でない学校であったが、熱心に学ぶことのできる場所になった。一部の集住地域では公立学校の一部で授業が実施されていた。当然のことながら、日本国内でも民族の言葉と歴史と文化を学ぶことができたのである。学校は朝鮮人たちの維持資金の提供で成り立ち、自分たちの責任で運営しており、学校は発展しつつあった。

しかし、新たな困難な問題が起きたのである。連合国軍の意向の変化であった。すでに連合国軍という性格から米国占領軍という体制に変化し、それは米ソの対立を背景に米占領軍は共産主義勢力に対抗する処置を取ることを方針とするようになっていた。各学校は朝鮮人連盟のもとに組織された形になっており、朝鮮人連盟は日本共産党の強い影響下に置かれており、米占領軍としては好ましくないと判断したのである。

一九四七年三月、文部省は学校教育局長名で朝鮮人学校を各種学校として認める通達を発していたが、すぐ翌年、一九四八年一月には「朝鮮人であっても学齢に該当するものは、日本人同様市町村立又は私立の小学校、中学校に就学させなければならない。また、私立の小中学校を設置する場合は、知事の認可を受けなければならない」と通達した。そこでは朝鮮人としての民族

朝鮮人連盟の刊行した音楽の教科書（1947年刊）

朝鮮人連盟文化部が刊行した地理の教科書『初等朝鮮地理　全』（1946年9月刊、出典：『在日朝鮮人関係資料集成』戦後編）

教育を受けることはできず、とりもなおさず朝鮮人としての教育の否定につながった。新たな同化教育の始まりであった。こうしたときに四八年四月「神戸朝鮮人学校事件」が起きた。兵庫県は、公立学校を借りて運営していた朝鮮人学校に対して閉鎖命令を出し、そのことに端を発し、撤回を求める朝鮮人に対して非常事態宣言を布告して、日本占領機関の指揮者ともいうべき米第八軍アイケルバーガー司令官が神戸に行き学校閉鎖を強行した。その後、文部省との朝鮮人連盟との交渉で妥協が成立したが、朝鮮人学校はさまざまな不利な条件のもとに置かれることとなった。

一九四九年四月四日、団体等規正令が制定され、学校運営の中心となっていた朝鮮人連盟が同年九月に解散させられた。十月には朝鮮人連盟系の学校に閉鎖命令が、あるいは改組命令が出された。公立学校へ移行したところと、辛うじて自主学校として継続した学校があり、大半の生徒は日本人学校で学び、放課後に朝鮮語を学ぶといった程度になってしまった。日本人学校で朝鮮人の子供たちを待っていたのは日本人の子供たちからの朝鮮人であること自体に対する差別であった。その後、朝鮮人の手による教育は朝鮮戦争と日本の単独講和発効のなかでさらに困難な状況を迎えることとなる。

五　在日朝鮮人の文化

教育の溌剌とした展開と同時に、朝鮮人青年たちによる文化活動が活発になった。朝鮮文化教育会『文教新聞』一九四七年九月創刊、『朝連文化』一九四六年四月創刊、『朝鮮文芸』一九四七年創刊など、多数の文化関係の雑誌や新聞が刊行された。代表的な刊行物としては月刊誌『民主朝鮮』や戦後在日朝鮮人文化運動の組織や活動概要などをまとめた『在日本朝鮮文化年鑑』が刊行されたりしていた。『民主朝鮮』には小説家・金達寿や詩人・李殷直、許南麒といった最近まで文学活動をしていた人々を含めて創作や詩が発表されていた。この雑誌は朝鮮人のみではなく日本人の著名な文化人も多数執筆していた。中野重治 蔵原惟人などである。

演劇、美術、映画関係者もそれぞれ団体をつくり活動していた。各分野にわたって共通のことであるが、日本人の投稿も多いが朝鮮南部と北部に住む朝鮮人作家の翻訳作品や動向の紹介が多く掲載され、彼らの祖国との結びつきを求める姿勢を伺い知ることができる。

このなかで注目されるのは、朝鮮人作家が文学作品で創作する場合、日本語で行うか朝鮮語で表現するかで議論になっていることで、これは在日朝鮮人作家の置かれた状況が反映されている問題であった。

在日朝鮮人の文化活動をまとめた
『在日朝鮮文化年鑑』(1949年)

第三章　在日朝鮮人運動

一　民族と生活権擁護行動

日本の敗戦が明らかになると、戦前の在日朝鮮人運動家などは解放後を予想して準備を始めようとしていた。獄外で東京に暮らしていた金斗鎔は八月十五日を境に活発に組織復旧のために活動を始めた。神奈川では後の在日朝鮮人運動で大きな役割を果たす韓徳銖が横浜で組織をつくり始めた。在日本朝鮮人居留民連盟など名称はさまざまであったが、東京では八月中に組織されたと確認できる団体は七団体である。同様に大阪では三団体が結成された。九月に入ると、神戸・京都にも自主的な組織ができて、東京と大阪で朝鮮人連盟準備委員会がつくられ、九月二十五日、合同で朝鮮人連盟結成準備委員会が結成された。委員長は牧師の趙得聖で夫人はアメリカ人であったという。ほかには中央協和会の主事をしたこともある権赫周も幹部の一人であり、左派の活動家も含まれていた。各地にできた団体の構成員は、主に戦前期の労働運動などの経験者や民族・親睦団体の幹部、協和会の指導員などで、地域社会の有力者が渾然一体となって新たな組織をつくろうとしていた。

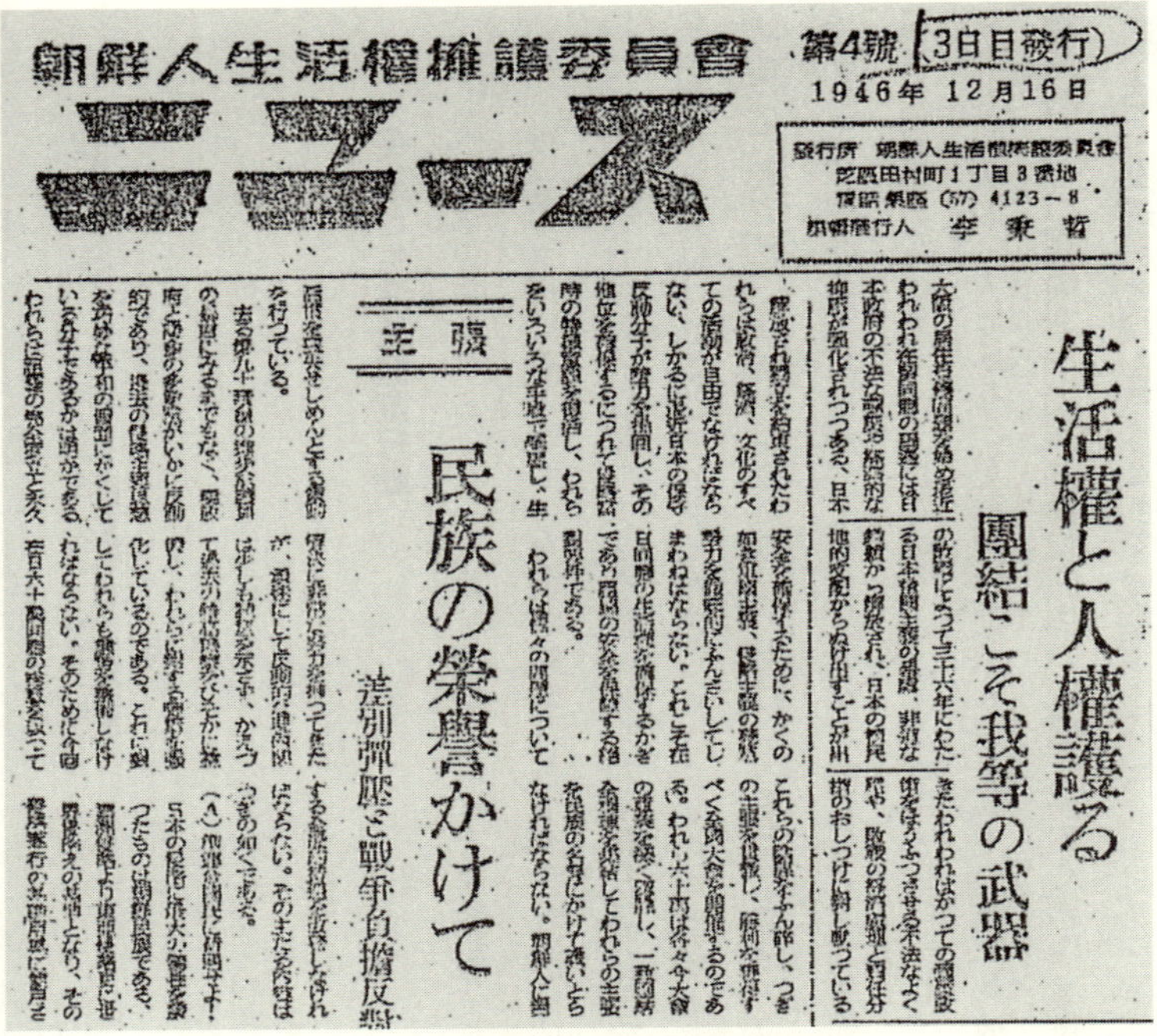

1946年12月16日付発行の『朝鮮人生活権擁護委員会ニュース』４号.
(出典：『在日朝鮮人関係資料集成』戦後編)

一方、戦前期に日本共産党員であった金斗鎔らは九月二十四日に朝鮮人政治犯釈放委員会を結成して連合国軍と交渉し、十月四日には治安維持法の撤廃と政治犯の釈放が決定された。同月十日府中刑務所から日本共産党員の徳田球一、志賀義雄らとともに金天海、李康勲など朝鮮人共産主義者が釈放された。釈放された人々を迎えたのは四〇〇人ほどであったが、大半は朝鮮人で、日本人は二、三〇人であったといわれている。

金天海は在日朝鮮人運動を代表する人物の一人。一八九九年生まれ。一九二一年に勉学目的で渡航し苦学、在日本労働総同盟委員長、朝鮮共産党日本総局責任秘書を務める。逮捕・服役を繰り返し非転向ゆえに拘束され続ける。民族的な立場を保っていたといわれ、在日朝鮮人社会では大衆的な支持を受けていた人物。一九五〇年共和国に渡航し、祖国統一民主主義戦線議長などを務めたが、その後の消息は不明。

こうした朝鮮人たちの動きは、左右を問わず日本の敗戦を解放と受け止める基盤が朝鮮人のなかに大衆的に存在したことを示している。日本人民衆は、この段階ではファシズムからの解放としては受け止めておらず、大半が終戦として受け止めていたのである。戦時下の日本国内に反ファシズムの動きがなく、それが朝鮮人と日本人の戦後社会行動の差となって現れているといえる。

ともあれ、十月十五、十六日に在日本朝鮮人連盟中央本部結成大会が開催された。発表された綱領では

戦前・戦後を通じて在日朝鮮人労働運動の指導者だった金天海（出典：『写真集　朝鮮解放１年』朝鮮民衆新聞社、1994年復刻版）

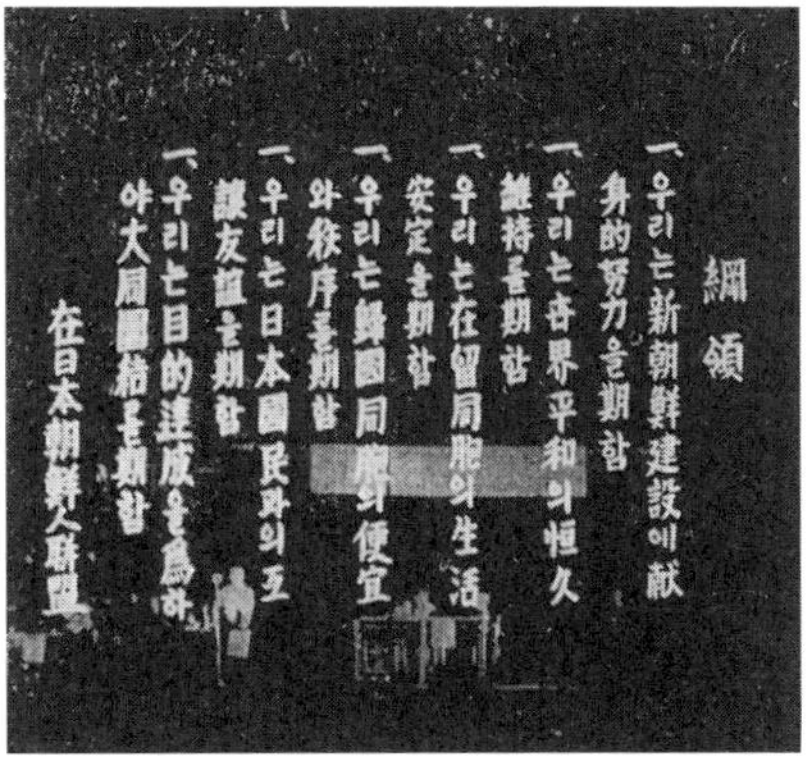

在日朝鮮人連盟綱領（出典：『写真集　朝鮮解放１年』朝鮮民衆新聞社、1994年復刻版）

新朝鮮の建設、世界平和、在日朝鮮人の生活安定、帰国支援、日本国民との友誼などをうたっていた。ところが、この大会の二日目には中立・右派幹部は左派の人々によって皆拘束され大会には出られないような事態となった。左派の独壇場になり、左派の幹部が選出されて朝鮮人連盟の大会が終了した。この左派の強行策が組織の分裂を生むこととなり、十一月に朝鮮建国促進青年同盟が結成され、続いて大逆事件で秋田刑務所に服役していた朴烈が十月二十七日に釈放されると、彼を戴いた新朝鮮建設同盟が四六年一月に右派の人々で結成され、左右の対立が激化していった。ところが新朝鮮建設同盟などは下部組織をもたないため安定しておらず、中立的な民主主義者などを中心に新たな組織をつくる動きが生まれて、四六年十月三日に在日本朝鮮居留民団が委員長を朴烈として結成された。現在も活動している「民団」が結成されたのである。他民族のなかで暮らすには「民生安定」「教養向上」「国際親善」を図らなければならない、としていた。中立・右派の人々のなかには戦時下に警察に協力した協和会の幹部が含まれていたり、日本人社会と関連の深い人物がおり、在日朝鮮人の大衆的な組織的基盤を得ることが難しく、朝鮮人連盟が全国的に力を伸ばしていった。地方では朝鮮人連盟の組織が唯一であったところも多くあった。こうした対立には戦前期の在日朝鮮人統制機構の残滓が影響を与えていたのである。

やがてこの二つの勢力は朝鮮人連盟は朝鮮北部の政権を支持し、新朝鮮建設同盟などは朝鮮南部政権の主張と同一歩調を取ることとなった。南北ともに国家成立を宣言すると、日本国内の左右団体の対立はさらに激しくなった。南北政府の対立する主張をそれぞれの団体が日本国内で主張し譲らなかった。

一方、実質的に在日朝鮮人に影響力をもっていた朝鮮人連盟は帰国の世話や生活擁護などの活動をしていたが、実質的には日本共産党の指導を受け、朝鮮人日本共産党員の影響が強かった。戦前期に国際共産主義運動のなかで一国一党の原則が存在し、それが引き継がれていたのである。朝鮮人共産主義者も日本の革命に参加することが朝鮮革命にも連なる、ことであるという論理であった。朝鮮人共産党員は戦後日本共産党員として、日本人党員の少ないなかで日本の民主化運動に参加・活動した。朝鮮人党員と朝鮮人連盟の人々は各種の運動に参加し、日本政府と対峙していたのである。ちなみに、朝鮮人日本共産党員としては、金天海が最高指導者グループの中央委員会幹部会員であり、金斗鎔は中央委員候補であった。地方組織の幹部にも多くの朝鮮人党員がいた。

こうしたときに中国革命が成立し、米国の支持する蒋介石軍は台湾に逃れるという事態になった。米国にとっては社会主義勢力と対峙するために朝鮮南部と日本の「赤化」防止が課題となったのである。先に掲げた神戸教育事件などはその現れであった。ついに米占領軍は日本政府に指令して一九四九年九月八日に在日本朝鮮人連盟、在日本朝鮮民主青年同盟、在日本大韓民国居留民団宮城県本部、朝鮮建国促進青年同盟塩竈本部が「団体等規正令」で反民主主義・暴力団体として解散させられた。朝鮮人連盟関係はすべての組織が対象になった。朝鮮人連盟の全国の県本部・支部は閉鎖され、事務所の建物を含めて財産は没収された。非合法となったのである。朝鮮人三六人が公職追放処分となった。理由は神戸や大阪の教育事件、平事件、国鉄のストライキなどで主要な役割を果たしたとされたためである。解散の取消しを求める運動も起きたが認められなかったため非合法の運動を展開するようになった。

一九五〇年六月二十五日に朝鮮戦争が始まった。祖国が戦場となり、在日朝鮮人の多くが反米・反戦運動を行うこととなった。ここでも朝鮮民主主義共和国（以下、共和国と表現）を支持する旧朝鮮人連盟系の人と大韓民国（以下、韓国と表現）を支持する人が運動を展開し、韓国を支持する人々は韓国へ義勇兵を派遣しようとしていた。一方、旧朝鮮人連盟系の人々は、日本共産党の山村工作隊など極左的な行動に参加した朝鮮人もいた。

共和国を支持する人々は合法組織として一九五一年一月には在日朝鮮統一民主戦線（民戦）を結成して、平和運動、民族教育、生活擁護運動を展開していくこととなる。朝鮮戦争に反対するために非合法組織として祖国防衛委員会を組織し反戦活動を実施した。

民戦は一九五五年五月に新しい朝鮮人組織、在日本朝鮮人総連合会（総連）が結成されるまで朝鮮人の生活擁護運動、平和運動を担っていく組織となる。

第29表　在日朝鮮人外国人登録数

朝鮮籍	韓国籍	合　計
415,340 77%	124,878 23%	540,218 100%

＊1953年２月末現在
＊登録しなかったものもあり、在住者総数ではない。

こうした在日朝鮮人の状況を反映して、外国人登録法で登録した朝鮮籍・韓国籍の人員は第29表のような状況であった。外国人登録令が施行されたのは一九四七年五月二日であったが、朝鮮人側の反対にあい登録した人は少なく、正確なものではなかった。講和発効に伴う処置として一九五二年四月二十八日に外国人登録法が公布された。大半の在日朝鮮人が朝鮮籍・韓国籍の別で登録した。

朝鮮籍が圧倒的に多いが、これが両者の勢力範囲ということではなく、双方に中立的な立場の人々が含まれていたとされている。共和国を支持する人々が五六パーセント、韓国政府を支持する人々が二二パーセント、中立系が二一パーセントであると公安当局は見ていた（酒井秀雄「在日朝鮮人運動の実況　三　民族的性格と生活実態」）。

一九四五年の解放から五五年までの一〇年間の在日朝鮮人運動を振り返ると、戦前期とは違う複雑な要因をもつものとなっていた。根本的な問題は、在日朝鮮人にとって「祖国」が成立したが、四八年までは正式な国家成立ではなく、過渡的な政権であり空白期間が存在したこと、四八年に国家が成立したが分断国家となったこと、さらにこの二つの国家が東西冷戦の最前線となり、ついには共和国はソビエトと中国を、韓国は米英という大国を背負っての朝鮮戦争となって深い傷を残したことが、朝鮮のみならず在日朝鮮人の社会にも直接深い影響を与えることになったのである。

第一に戦後の在日朝鮮人運動は果敢に展開されたものの、二つの祖国の分断状態を反映し、二つの勢力が日本国内で対立するという複雑なものとなり、朝鮮戦争は日本国内の朝鮮人の対立を一層激しいものとしていたこと。

第二に日本国内での生活は厳しさを増していくことになったが、生活擁護運動は朝鮮人内部の対立を残したままの運動で、日本人失業者が溢れるなかでさらに困難さを増すことになった。むしろ、戦前期より生活状況が厳しくなっていたと考えられ、それに対する運動は激しく展開されたが統一した運動ではなかった。

第三には、民主主義運動の中心になった朝鮮人連盟とそれに続く民戦は日本共産党の指導下にあり、日本人との共同闘争は外国人としての人権・教育権などの主張が相対的に弱くなったことである。このため一時的には極左的方針に基づく運動に巻き込まれたりした。

第四に祖国との往来ができない断絶状況のなかで、在日朝鮮人のなかに共和国にも韓国にも与さない人々が存在するようになっていたことである。双方の運動に距離を置いている人々が生まれ、相対的には日本文化のなかで暮らしていることから、祖国にも距離を置くことになった。

第五に在日朝鮮人運動は否定的な側面だけではない。それまで日本政府によって一切の民族的な立場を否定されてきた人々に、朝鮮人として公然と日本社会で生きることを主張し、それはすべての在日朝鮮人大衆に理解された。まったく朝鮮人としての主張ができなかった社会からできる社会に転換させたのである。分断状態であったが祖国が存在していたからにほかならなかったことを朝鮮人自身がよく知ったことが大きな成果となった。解放直後には朝鮮人として生きることをすべての朝鮮人がもつことができた。在日朝鮮人は日本の敗戦を「解放」として受け止めることができたのである。

第六に戦後在日朝鮮人は日本政府の抑圧に抵抗し、祖国と断絶状態にあったなかでも韓国系・共和国系の団体であるかどうかを問わず、それぞれの独自組織を守り通したことは大きく評価されるべきであろう。

第七には戦後在日朝鮮人は独自な在日朝鮮人文化をつくり上げたことである。文学作品や芸術作品などである。また、民族教育を通じて朝鮮語の世界を祖国とともに共有できる基盤を日本社会のなかにつくる努力をしたのである。

以上のような要件を日本人の側からも歴史的に評価する必要があろう。昭和史の著作がいくつか刊行されているが、それらのなかでは在日朝鮮人の戦後史はまったくふれられていないか、組織ができたことぐらいに止められているにすぎない。

敗戦を迎えた日本人社会では在日朝鮮人観、あるいは朝鮮観に戦前期と大きな変化はなかったといえよう。欧米に対しては鬼畜米英が親米に変化するのには時間がかからなかったが、日本が朝鮮・台湾を植民地として被害を与えたことについては省みられることがなかった。むしろ、朝鮮人が日本の敗戦を解放として喜び、国が再建できることに希望をもっていることに反発を覚えていた。自己主張ができなかった朝鮮人が戦後に自己主張をすると著しい反感を感じるというのが一般的であった。それは日本民衆が敗戦をファシズムからの「解放」として受け止められなかったことに起因すると考えられる。

加えて、警察の統制から表面的に解放されたはずの朝鮮人だったが、戦前期と変わらない治安対象として位置づけられて戦後も警察から抑圧されることとなった。闇市、濁酒の手入れのときは警察発表がそのままマスコミに流され、法に服さない朝鮮人という印象が広がっていった。当時、在日朝鮮人の多い地方新聞には闇や濁酒密造の記事が多数掲載されている。ただそこでは、この時期の朝鮮人の置かれていた生活状況がどのようなものであったのか、また戦後日本の大半の職場から朝鮮人が追放されていた状態で他の仕事を保証し得ていたのか、といったことなどはまったく無視されていた。朝鮮人の生活状況にはまったく目を向けず、警察発表された情報そのままに朝鮮人社会のイメージをつくり上げていたのは、戦前期のそれと同様な側面をもつものであるといえよう。

そのうえさらに警察は治安対象として朝鮮人連盟・民戦などの組織を監視し、米占領軍に先行して民族学校などを抑圧し、民族教育を否定した。冷戦の開始とアジア情勢に対応し、占領軍とともに在日朝鮮人を抑圧したことは戦前期の民族否定に連なる問題であり、戦前期の継続として民族の抑圧が実施されたのである。占領下とはいえ、戦前と同じ誤りが繰り返されたのである。もちろん、民族教育の場を守ろうとした日本人もいたが、政府としては朝鮮人の朝鮮人としての教育を認めようとしなかった。これは帰国時に強制連行労働者を補償問題抜きで、何の手当もせずに送還したことに次ぐ政策的な誤りであった。朝鮮人が日本に渡航してきた経過から見ても、戦後社会で最低でも教育権・生活権は保証すべきであった。

しかしながら日本人民衆のなかでは、朝鮮人の教育権を認めて朝鮮人の行動を支持する人も戦前と比べられないぐらい広範囲に存在した。朝鮮人と日常的に接触していた人や教員組合の人々であった。教育関係者の場合は、民族教育の存在が日本の子供たちの民主主義的教育にも役立つと考えたのである。

朝鮮人は一般的な労働運動のなかでも重要な役割を果たしており、戦後日本の労働運動の出発点の一つとなった横浜市にある鶴見製鉄所で働いていた労働者がまとめた『鶴鉄労働運動史』においても、朝鮮人の支援が大きかったことについてふれている。朝鮮人は思想や政治行動の自由を得て活動範囲を広げていった。さまざまな民主化運動のなかで果たした役割は大きかった。少し時代は下がるが、平和運動、とくに初期の原水爆禁止署名運動では朝鮮人女性の署名集めが平和運動の推進力の要となっていた。朝鮮戦争を契機に日本人女性のなかからも平和に関する関心が高くなり、朝鮮人女性とともに署名を集めるようになった。

一九五五年、民戦は組織改革を実施して新しい在日朝鮮人組織である在日本朝鮮人総連合会（総連）となる。そのポイントはこの組織がそれまで指導を受けることになっていた日本共産党から離脱し、朝鮮民主主義人民共和国の海外公民として日本で生活するという方針転換をしたことであった。朝鮮人たちは日本共産党員から離脱し、共和国公民として運動を展開することとなったのである。それまで朝鮮人連盟の指導をしていた金天海や金斗鎔は朝鮮戦争の前にすでに共和国に渡航し、新しい総連の指導は方針転換を主張していた韓徳銖がなった。以後、日本の内政干渉と受け取られるようなことは差し控えられ、生活や人権擁護、外国人としての平等な権利が認められるような運動に転換していった。とくに教育弾圧や公立学校での朝鮮人子弟の教育などで民族教育の体系が崩れていたが、民族教育整備を事業の柱として朝鮮人学校の拡充を図ることに最大の力を注いで、朝鮮人学校の体系的な展開がすすんだ。

第四章　朝鮮戦争停戦と共和国への帰国

一　朝鮮戦争後の暮らし

朝鮮戦争は米軍の参戦と中国の参戦によって激しさを増して、三八度戦を境に進退を繰り返す状態が続いたが、一九五三年七月二十七日に停戦となった。この戦争は朝鮮民衆に深い傷を残すこととなった。人的被害は一二六万人にのぼるといわれており、それぞれの軍隊が南部・北部の奥深く侵攻したために政治的に対立する民間人に大きな被害を与えることとなった。南部の人が北に、北部の人は南に政治的な立場の違いで避難したため、戦後の南北対立が朝鮮戦争以前より深刻になった。分断が固定化され動かしがたいものとなってしまったのである。こうした要因に東西冷戦体制が背景にあったため、統一の動きには限界が存在し、冷戦体制の崩壊を待たねば南北交流はできなかった。在日朝鮮人の共和国を背にする民戦・総連と韓国を代表とする民団との対立も解けることはなかった。日本と韓国は一九六五年の日韓会談で調印された日韓基本条約によって国交が回復するまで、共和国とは現在に至るまで正式な国交は回復していない。この間、日本は朝鮮、すなわち韓国とは二〇年間交流がなかったし、共和国とは五六年以上も国交がないのである。この断絶は日本人にもさまざまな影響を与える結果になっているが、深刻なのは在日朝鮮人に与えた文化的・社会的な影響である。定住化の進行と日本人との同化に比例して、帰化の増加や民族的な立場の人々の減少となって現れている。

一方、朝鮮戦争は日本経済に特需景気をもたらし、その後の持続的な経済発展に連なっていく動機となった。時を置かずにテレビ、冷蔵庫、洗濯機などの普及が進み、高度経済成長へとつながっていく。ところが、この経済成長の端緒になった朝鮮戦争後に経済的に取り残された人々が存在した。在日朝鮮人である。

在日朝鮮人の戦後生活は、大筋でいえば戦後復興期には小規模工場や小商人などを行い生活していたが、朝鮮戦争下ではくず鉄・銅などの金偏景気で一気に廃品回収がさかんになり、生活を支えていた。朝鮮戦争後、日本経済の復興と流通機構の整備が進み、朝鮮人は就労していた職場から次第に排除されていく。朝鮮人社会全体に深刻な生活難が襲ってきたのである。一九五三年七月に民戦があげた失業者は四二万三四五三人となっていた。また、五三年末の厚生省の生活保護人数は一〇万七六三四人となっており、朝鮮人に占める保護率は一九パーセントとなっている。すべての人が保護を受けられたのではないので、保護を受けていない者との実態とそれほどの差はなかったと思われる。

なお、公安当局も「経済状況の立ち直りと共に所謂ボロ儲けが出来なくなり加えて就職、金融の面からも次第に敬遠されることになったので工場、事業場経営者等の一部富裕階級をのぞいては相当な窮迫状態に陥り昭和二四年頃より生活保護法の申請をするものが激増し」たとしており、富裕者は在日朝鮮人総世帯の二・六パーセント、「下流者」は全体の七四・五パーセント、「中流者」は二三・九パーセントに過ぎないとしている（酒井秀雄「在日朝鮮人運動の実況　三民族的性格と生活実態」）。これは公安関係の調査結果と思われる。調査対象は一一万四〇〇〇余世帯、京都を除いた約五〇万人で、京都は何らかの理由で集計できなかったと思われる。厳しい目で朝鮮人を治安対象としていた公安当局でさえ、朝鮮人全体の四分の三の人々が「相当な窮迫状態」に追い込まれていたと認めているのである。これは一九五〇年の数字であるが、朝鮮戦争後はさらに深刻になっていた。一応、公安当局の全在日朝鮮人の職業状況の分析を見ると第30表のようになっている。

第30表　公安当局のまとめた在日朝鮮人職業（1952年10月調査）

農業	10,156	1.8
工業	24,573	4.6
商業	31,023	5.8
運輸業	5,266	0.9
土建業	19,991	3.7
料飲業	5,157	0.9
遊戯業	7,207	1.3
海運業	612	
貿易業	163	
鉱業	53	
漁業	801	
知的労働者	7,237	1.3
日雇労働者	35,585	6.6
失業者	13,267	2.4
無職者	328,624	62.0
その他	46,084	8.5
合計	535,803	

＊篠崎平治『在日朝鮮人運動』令文社　1955年刊（著者は警察庁警備二課勤務）

有業者でもっとも高い比率を占めているのが日雇労働者である。日雇労働は職業安定所に登録して就業することになるが、毎日就業できたわけではなく、仕事のない日「あぶれ」があり、そのうえ日当の少なさもあって生活は困難であった。

第31表　川崎市全市における朝鮮人商工業者数・業種

業　　種	人員	割合	備　　　　考
飲食店	143人	45.3%	朝鮮料理５を含む
銅鉄商	74	23.4	屑鉄仲買、個人屑鉄回収をいう。
サッカリン	24	7.6	全国でも川崎特有の産業
パチンコ	17	5.3	娯楽・サービス業を含む
病院	5	1.5	薬局一を含む
団体	6	1.9	民族団体など
不動産・旅館	5	1.5	
工場	5	1.5	
砂利	4	1.2	
理髪・美容	4	1.2	
自動車・石油	4	1.2	
洋品・朝鮮服	3	1.0	
土木	2	—	
食料品	2	—	
灸・マッサージ	2	—	
新聞	2	—	
タクシー	2	—	
その他	15	5.0	運送·看板·洗濯·精米·印刷·皮革など15
総計	315	100%	

＊総数は４軒の異業種兼業があり重複している。分類の方法によろうが職種は32種になる。
＊『在日本朝鮮人商工名鑑』1957年版から作成。この資料には民団系の商工業者は含まれていない可能性がある。

次に高い比率を示していたのは商工業であるが、この内容について、時期はずれるが朝鮮人の調査によって内容を見ておこう。全体状況よりも地域を限定した方が実体が理解しやすいので、ここでは関東地区で集住地区が存在する川崎市内の在日朝鮮人を事例として取り上げておきたい。第31表のような構成になっている。

商工業者のうち飲食店がもっとも多いが、いずれも小規模であったと思われ、川崎の工業地帯に隣接した地域で工場労働者を相手に濁酒を提供していた小規模店が大半である。また、銅鉄商といっても廃品回収業と仕切りをする仲買人に分けられる小規模営業者で、銅鉄の生産が本格化し原料を海外から導入するようになると、この業種も整理されていく。サッカリンは原料が入手できれば小規模でも生産できるためにつくられており、全国に販売されていたと考えられる。これも砂糖の輸入で打撃を受ける。このように川崎市の商工業者といっても、内容は小規模飲食店、廃品回収業、サッカリン製造で七六パーセントを占めており、これにパチンコ業を含めると八〇パーセントは経営基盤の安定していない零細企業であった。

第30表に示されている在日朝鮮人の商工業の内実は、川崎市の例に見られるようにきわめて零細で基盤の弱い存在であることがわかる。したがって、その生活もきわめて困難な状況にあったということができる。

もう一つの敗戦後一〇年を経た後の在日朝鮮人の生活状況を示す資料を提供しておきたい。生活状況を示すメルクマールに住宅問題があるが、戦後になって景気が回復し朝鮮人の住宅は改善されたのであろうか。やはり神奈川県川崎市の事例を取り上げて事実を見ていきたい。

戦後の住宅問題は空襲などで破壊された地域が多く深刻であったが、初期の住宅調査としては一九六〇年に住宅地区改良法が施行され、その前年である一九五九年に住宅地区実態調査が実施された。この当時神奈川県内には密集住宅地区八四ヵ所存在したが、調査対象になったのは横浜市六地区、川崎市九地区の一五ヵ所であった。この調査対象となったのは住宅改良の必要な典型的な地域であったからである。いずれの地域にも朝鮮人が居住していたが、もっとも多かったと想定される四地区を取り上げて検証しよう。四地区とは池上新田、桜本一丁目、桜本三丁目、浜町三丁目であり、この地域全体に朝鮮人居住者が多かった。なお、桜本二丁目に朝鮮人が居住していなかったわけではなく、住宅条件はほぼ同一であったが、調査対象になっていなかったに過ぎない。いずれの地域も日本人との混住地域で、調査では朝鮮人と日本人の区分はしていないが、戦前・戦後期を通じて朝鮮人居住者が多かった。池上新田は大半が、桜本三丁目がそれについで朝鮮人集住率が高かった地域である（第32表）。

この川崎の調査地域の特徴は不良住宅戸数、不良住宅世帯数、不良住宅人員ともに七〇パーセントを超えていることである。なかでも桜本三丁目が九〇パーセントを超えており、もっとも住宅条件が悪くなっている。また、本調査地全体のなかでもっとも条件の悪いのは桜本三丁目である。ここでは調査結果を数字として取り上げていないが、桜本三丁目には下水路がなく、九〇パーセントの住宅が吸込桝によるか、吸込桝もない状態であった。大雨が降ると路地に水たまりが各所にできた。また、第32表の地区では壕舎・仮小屋と木造住宅の比率では倍以上が壕舎・仮小屋住宅であり、大半が自力で建てた住宅であったと思われる。建て方の方式は、調査地全体で見ると一戸建てと長屋建てでは長屋形式の方が多いという調査結果となっている。

この調査結果で明らかなように、神奈川県のなかでもっとも住宅条件の悪い地域に朝鮮人が集住していることが明らかである。

戦前期と変わらない住宅状況が戦後も継続していたといえる。こうした状態は全国でも同様であり、朝鮮人に家を貸さないなどの社会的な圧迫を受け続けていたことが事実をもって証明できるのである。朝鮮人を取り巻く職業差別、住宅差別などの状況は朝鮮戦争後にも改善されることはなかった。朝鮮戦争で日本は経済的な復興の緒についていたが、朝鮮人社会には無縁で、むしろ経済・流通機構から排除され、生活はさらに深刻であったことがわかる。朝鮮人にとって解決の道はわずかしか残っていなかった。他の就業の機会は閉ざされていたので、生きるためには失業対策事業に就労するか、生活保護を申請するかという選択肢ぐらいであった。戦後、共和国とも韓国とも交流ができずに、在日朝鮮人は孤立した状態となった。

第32表　川崎市朝鮮人集住地区の住宅状況（1959年現在）

	住宅総戸　数	不良住宅戸数	調査住宅総世帯数	不良住宅居住世帯数	調査住宅総居住人員	不良住宅居住人員
総　　数	4,722	2,157	5,336	2,361	21,321	9,607
川崎市計	2,333	1,633 (71.3%)	2,446	1,718 (70%)	10,114	7,225 (71%)
池上新田	293	187 (63.8%)	337	201 (60%)	1,335	769 (58%)
桜本一丁目	613	250 (40.8%)	648	268 (41%)	2,443	1,011 (41%)
桜本三丁目	574	530 (92.3%)	591	546 (92%)	2,552	2,315 (91%)
浜町三丁目	127	76 (59.8%)	133	81 (61%)	523	300 (57%)

＊数字は神奈川県建築部住宅課『住宅地区実態調査報告書』1961年２月刊による。
＊総数は調査対象全体の総数 川崎市計は川崎市で調査対象になった総数。
＊調査項目は建物の形態、電気、水道設備などもあるが省略した。

しかし、有力な生活手段であった生活保護も政府の方針で打ち切られていくようになる。

二　生活保護打切り政策

生活保護は、社会・経済的な差別で朝鮮人の生活が窮乏化していくにしたがって受給希望者が増加して、受ける人々も増加した。日本人の保護率は経済復興が進むなかで減少したが、朝鮮人の場合は増大したのである。また、朝鮮人連盟、民戦などの朝鮮人組織は積極的に保護を申請し、集団で交渉に臨むこともあった。その後、朝鮮人運動は日本共産党の指導下から離れて在日朝鮮人総連合会が結成され、日本の政治活動や革命運動はするべきでないとの方針が貫かれたが、生活問題は人権問題であり大切な課題として取り組まれた。この結果、一九五一年の外国人保護人員は五万九九六八人であったが、一九五五年には一三万七三五九人にもなっていた。外国人の大半は朝鮮人であった。この生活保護増加の要因は運動して強要したものとの評価もあるが、厚生省の担当者が次のように指摘しているのが正しいといえよう。「当時朝鮮人の保護率が高かった理由は、在日朝鮮人の生活状態が低く、貧困者が多いことのほかに、日本人に比し就労の機会に恵まれないことが挙げられる」（永原勘榮「在日外国人保護と適正化対策」）としているとおりである。

このように在日朝鮮人の生活保護率は高くなっていくのであるが、全国とこれから取り上げようとしている神奈川県の保護率の変遷を第33表に示した。一九五五年の全国の保護率一位の県は青森県で五四パー

第33表　全国および神奈川県の生活保護率の推移

	全　国		神奈川県		
年　代	被保護朝鮮人	保護率	被保護朝鮮人	保護率	一般保護率
1952.12	76,763	14.3	5,744	33.6	2.2
1953.12	107,634	19.8	7,875	41.0	2.2
1954.12	127,320	22.8	9,036	47.1	2.3
1955.12	138,972	24.0	10,440	49.1	2.5
1956.12	89,761	15.6	4,650	20.6	2.0
1957.12	80,178	13.5	4,452	18.9	1.6

＊保護率は在日朝鮮人総数に対する被保護朝鮮人数
＊ 一般保護率は日本人保護率全国平均、神奈川県の日本人保護率は2.5%であった。
＊出典　神奈川県『神奈川の社会福祉事業—その十年—』から

セント、二位は京都府で五一パーセント、第三位は神奈川県で四九パーセント、第四位は岡山県の四六パーセントという順位である。ここで神奈川県を取り上げたのは、厚生省が進めた生活保護打切り行政、いわゆる「朝鮮征伐」がもっとも早く実施された県であることと、関東地区の大きな集住地区を抱えている県だからである。

こうした朝鮮人生活保護率の上昇に対して、一九五一年から五五年の間に朝鮮人生活保護費が総額で五倍近くになっているとか、不正受給しているものがいるのではないか、日本人の受給者を圧迫しているなどの報道や記事が多くなった。朝鮮人の生活や住宅状況を無視しての宣伝であった。

厚生省は、こうした生活保護率の上昇は一九五四年四月から十二月までの間に福祉事務所に対する「集団暴行脅迫が全国で一万件を超えた」からであり、そのため保護行政が歪められているとし、これを「適正化」するという名目で生活保護の打切りを強行したのである。

具体的に神奈川県の事例で検証してみよう。神奈川県における保護打切りのための検査は一九五六年二月と九月に実施された。第34表に示されているように二月の保護打切りで四九パーセントから三九パーセントに一〇パーセント引き下げられ、九月の「適正化」では三九パーセントから一九パーセントへと二〇パーセントも引き下げられた。

第34表　神奈川県における朝鮮人総数と被保護人員

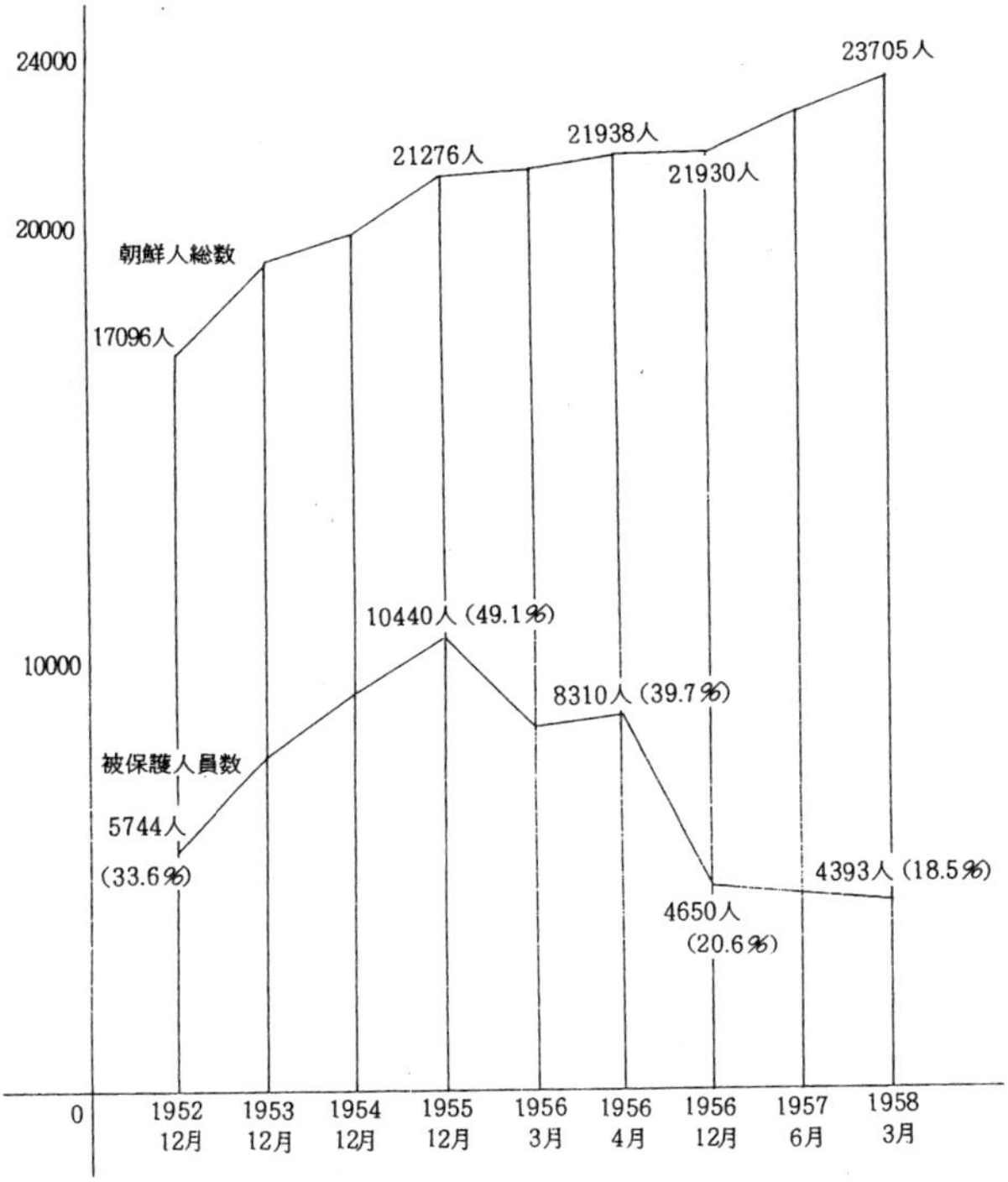

( ) 内は保護率　『神奈川県生活保護統計年報』各年版より作成

厚生省の指導は「調査完了まで保護を開始しない、（収入の）推定認定も差し支えない、保護費用返還を命じることが出来る、第三者の介入を許さない、求職を積極的に指導する」などの事項が並び、これを受けた神奈川県は「この調査にあたって、これを拒み、又は妨げる場合等必要な調査に本人が積極的に非協力である場合にはこれらの事項が存する故をもって保護を廃止することとし……」として厚生省の指導のとおり収入の推定認定して、いうことを聞かない場合も保護を打ち切ったのである。また、この調査には警察官が同行していたことに示されるように「警備付き保護行政」であり、強権を背景にした「適正化」であった。始めから生活保護者の生活実態を無視して、保護を打ち切るための「適正化」であった。川崎市では九月五日、六日、七日に厚生省、県保護課、市民生安定所と私服警官五〇名が動員され、九班に分かれて調査が実施された。受給者五四九人のうち廃止二二五、停止一七、削減一四八、計三九〇に達する処置がなされたと朝鮮人側の資料には記録されている。こうして第34表に見られるような削減が強行されたのである。

なお、この調査は地域の民生委員には一切関与させずに実施された。

朝鮮人たちは市の民生安定所などに抗議に行ったり、生活の実状を訴えたが効果はなかった。この生活保護の「適正化」は、日本政府の外国人登録の実施による朝鮮人把握の後に位置づけられる政策で、具体的な朝鮮人抑圧政策であった。この調査によって全国の在日朝鮮人の窮迫は一挙に進んだ。それと同時に「不正受給をする朝鮮人」という報道が行われ、新たな朝鮮人に対する歪んだ評価を拡大・継続させることとなったのである。戦前期より深刻な差別の壁のなかに住む在日朝鮮人には貧困という生活上の抜け道のない閉塞的社会状況に追い込まれてしまった（樋口雄一「在日朝鮮人生活保護打切り政策について」）。

三　帰国への道

在日朝鮮人の大半が就業できず困難な生活を続けている最中の一九五五年九月に、共和国の金日成首相は在日朝鮮人帰国希望者を受け入れるとの声明を発表した。在日朝鮮人の多数は帰国して生活が安定し、子供の教育を受けられることを予想し、帰国希望をもつこととなった。朝鮮戦争後の第二の帰国の流れが始まったのである。声明を出した共和国の事情は、ソビエト連邦諸国からの援助によって各地で戦後復旧や戦後国内建設が始まって、この時期は経済的な発展の途上にあった。共和国は朝鮮戦争による打撃が大きく、国土の大半が破壊されていたが建設に要する労働力は少なく、海外居住の人々の帰国を歓迎できる条件がそろっていたのである。翌年には朝鮮労働党が帰国者の学費と生活費を無償で行うと発表した。これに応える形で総連はすぐに帰国運動を開始し、日本政府の承認を受けて自費で帰国する二三名が五六年十一月に門司—上海を経て帰国して行った。日本政府が承認した背景には、第一に共和国を支持する在日朝鮮人が日本国内から帰国することは治安対策上望ましいこと、第二に生活保護家庭などが減れば保護費などを節減できることから簡単に認めたのである。

ところが韓国の李承晩政権は共和国に帰国を認めたことに対して非友好的な行為として強く反発した。また、総連と対立する民団もこれに抗議した。自費で中国を経由するコースの帰国は一時中断した。

再度、帰国運動に動きが出たのは一九五八年になってからであり、それは先に述べたような生活状態にあった神奈川県川崎市内の集住地区に住む人々が金日成首相に手紙を出し、これに金日成が歓迎する旨の声明を発表したことに始まる。総連の帰国運動の開始であった。これには日本の社会党、共産党を始め自民党の一部の人々も賛成し、帰国運動を支援した。一九五九年二月、日本政府は「人道上」、日本赤十字社を窓口にして帰国することを認める決定をした。八月に正式な帰国協定が結ばれ、帰国を希望する在日朝鮮人は帰国準備を始めた。韓国政府と民団は反対運動を起こしたが、同年十二月、新潟から帰国第一船が出発した。帰国事業は一時中断したものの継続して実施された。

日本政府がこのような決定をしたのは、先にも述べたが第一に治安対策上社会主義国の支持者が日本国内から移動することは好ましいと考えたこと、第二に貧困者の帰国は生活保護費の減少につながり、失業問題の解決につながること、第三に交渉の過程で帰国費用は共和国が負担し、かつ帰国者の対日請求権を放棄するとの共和国の提案があったこと、などが大きな帰国許可の要因として存在した。例えば、生活保護費の問題では一九六六年三月現在の神奈川県内の数字でいえば、生活保護法の適用者数は二四〇七人であったが、このうち帰国したものは一三〇五人であった。すなわち保護を受けていた者のうち五四パーセントが帰国した。帰国者全体は四〇五八人であったから帰国者に占める生活保護受給者の割合は三二パーセントとなっている。すなわち生活保護受給者の半数は帰国し、帰国者全体のなかでは三分の一が保護世帯であった（日本赤十字社神奈川県対策本部『在日朝鮮人帰還業務概要』）。

これは自国の「利益」のみを追求した結果であり、「人道」を問題とするならばもう一つの選択肢があった。日本政府の処置は帰国運動が在日朝鮮人が置かれていた就職差別や生活保障を放置したままの状況から生まれてもので、「人道上」の処遇であれば、朝鮮人に対する就職差別や生活問題の解決に努力すべきであった。それが日本国内の民主化・国際化につながるもう一つの道であった。植民地支配の問題をなおざりにして、戦後処理をあいまいにした結果がこの帰国問題でも露呈しているのである。敗戦直後の強制連行労働者の早期送還時は戦後処理をあいまいにして行われたが、それと同様な側面がこの共和国への帰国問題のなかでも示されているのである。

一方、帰国を希望する朝鮮人たちは喜んで祖国建設に参加しようと帰国して行った。一九七六年末までに九万二七四九人の人々が帰国した。帰国した人々の多くは日本で安定した職をもたない人であったから、在日朝鮮人の生活保護受給率を引き下げる結果となった。一九六二年頃になると帰国者は減少したが、それは日本国内で高度経済成長が始まり朝鮮人の就労の機会が増加したこと、共和国の経済建設が停滞気味で厳しい生活状況になっていたこと、日本での生活が長く共和国での生活になじむことができるかどうか心配になったこと、在日朝鮮人は朝鮮南部出身者が多く、分断状態が継続し南部の親族と連絡できなくなることを心配したことなどの要因が存在したからである。こうして南部出身者の多い在日朝鮮人のなかに共和国、韓国それぞれに親戚をもつものが多くなったのである。

第五章　高度経済成長下の変化

一　職域は広がったか

日本は高度経済成長が始まって自動車産業と道路工事が行われ、産業構造が変化していくことになる。就職差別は厳然として存在し続けていたが労働力が不足したこと、建築工事が行われたこと、プラスチック工場など新しい産業分野が広がったことなどにより、こうした職域に在日朝鮮人も就業して、以前に比べると部分的には安定した生活が次第に維持できるようになった。簡単に職業を概観しておこう（第35表）。

この表だけからはわからないが、比率の高い販売従事者とは飲食店、小売店主、行商、露天、再生資源卸売・回収、焼肉店などである。生産工程従事者、単純労働者の比率も高い。日本人の同種の比率と比べると八～一〇パーセントほど高くなっている。また、医師など特定業種を除いて公務員になれないことは現在でも変わらないし、銀行員、百貨店なども就業例は少ない。弁護士試験に合格し弁護士として活動している人もいるようにはなったが、韓国・朝鮮人名を名乗った場合は相変わらず厳しい就業差別が続いていると考えてもよいであろう。しかしながら、事務従事者、専門・技術的従事者など一定の職種に在日朝

第35表　在日朝鮮人の職業（1974年）

技術者	631	その他技能工･生産工程従事者	34,909
教員	1,039	単純労働者	16,921
医療・保険技術者	867	料理人	1,538
宗教	274	理容・美容師	1,046
その他専門的職業従事者	667	娯楽場の接客員	795
管理的職業従事者	4,797	その他サービス業従事者	3,025
事務従事者	20,769	自動車運転手	12,861
貿易従事者	185	芸術・芸能家	703
古鉄・屑鉄売買従事者	7,494	文芸家・著述家	116
その他販売従事者	23,099	記者	183
農業従事者	3,699	科学研究家	401
漁業従事者	373	主婦	724
採鉱・採石従事者	484	学生・生徒	4,527
運輸通信従事者	826	無職	374,640
建設従事者	10,815	分類不能	701
		記入なし	109,697

＊法務省『在留外国人統計』1974年版による。総数は638,806人とされている。
＊主婦数、学生・生徒数、無職者、記入なしなどは外国人登録台帳記入が正確でないためであると考えられる。政府統計としては国勢調査とこの資料以外にはなく、比較的詳しい内容がわかるため使用した。

鮮人の広がりを見ることができるのは以前と相違するところである。定住化後のある程度の生活基盤ができつつあったと見ることができる。

住宅問題では家を貸さなかったりする事例が跡を絶たないが、公式的には貸さないとはいわないまでも実質的には貸さない場合が多い。新しく渡航してきた韓国人などには差別があり、他のアジア人に対しても同様な差別が継続している。潜行的な差別である。一般的な集住地区は改善されたものの、それは自力によるものであり、河川管理の都合で住宅を保証した場合もある。

二　定住化の進行と新たな運動

日本国内での在日朝鮮人に対する差別がさまざまな形で存在することに対して、在日朝鮮・韓国人の間から、これまでにない運動が展開されるようになった。総連や民団と関係のない二世・三世世代の在日朝鮮・韓国人によって始められたのである。まわりの日本人と協力しながら、その日本人たちもそれまでの労組や政党の枠組に縛られない人々が自主的に集まって運動の輪を広げていった。

一九七〇年、日立ソフトウエアに合格した朴鐘碩（パク・チョンソク）氏は朝鮮人であることを理由に採用を拒絶された。朴氏は朝鮮人の若者と日本人の政党に属さない人々によって裁判を闘い、一九七四年六月横浜地方裁判所で判決が下り、解雇無効、賃金の支払い、慰籍料の支払いを認めた。画期的な全面勝訴の判決であり、広い範囲の支援者の支持があり、また一九六五年に日韓条約が結ばれた後ということもあり韓国民衆の支持も大きかった。朴氏は就業し、その後は在日朝鮮人が採用されるようになった。しかし、その後も多くの会社で就職差別は続いており、大半ははじめから諦めるか、就職を希望しても門前払いという結果に終わっていたが、さまざまな就職差別裁判が起こされるようになった。

一九七六年、西宮西高等学校の生徒である高昌重（コ・チョンス）氏が電電公社の入社試験の受験はおろか、願書提出も断られるという事件が起こった。西宮西高等学校の分会と呼びかけを受けた電電公社労働組合が協力し、電電公社の民族差別に反対する運動を繰り広げた。公社幹部から圧力がかかり、日本人教員のなかにも「帰化」すれば問題ないなどという意見があるなかで、公社との粘り強い交渉を繰り返した。公社は、一九七八年採用からすべての在日外国人の応募制限をしない、職種制限をしないなどを内容とする回答を行政に示し、結果的には高氏は就職できた。電電公社が外国人差別をしていたことに対し方針転換をして採用に踏み切った意味はきわめて大きかった（西宮市立西宮高等学校分会『在日朝鮮人就職差別—電電公社受験拒否撤回闘争—』）。

こうした就職差別に対する取組はほかでも行われ、それまでの就職差別の壁を破ることにつながった。

第二の事例として指紋押捺拒否の運動を取り上げよう。

一九八〇年八月、韓宗碩は新宿区役所で指紋押捺を拒否し、その日のうちに告発された。その後神奈川田島支所、小倉北区役所で拒否が行われた。外国人登録法には指紋を押さなければならないことになっていたが、日本で生まれ育ったのになぜ指紋を押さねばならないのか、というのが出発点で、指紋押捺が人権を無視することにつながっていると自覚したからである。一九八二年には李相鎬（イ・サンホ）氏は田島支所で指紋押捺を拒否した。キリスト者などを中心に「李相鎬さんを支える会」ができて運動が広まった。李氏は逮捕されるなどの抑圧を受けたが、支援の輪が一層広がっていった。他の国の外国人にも押捺拒否は広がり、全国各地の拒否者を中心に支援する会ができていった。翌八三年七月には全国市長会が、八月には民団が運動に立ち上がった。人権の問題として各労働組合も参加していった。国際的な支援の輪が広がっていった。政府はこうした運動に逮捕をはじめとする抑圧政策で応じていたが、次第に世論に押されて外国人登録法の改訂をすることとなった。在日朝鮮人の市民としての人権の主張が勝利したのである（ひとさし指の自由編集委員会「ひとさし指の自由」他を参照した）。基本的には一九九三年の外国人登録法の改正で、特別永住者および永住者の指紋押捺は廃止されることとなった。

また、日本の学校教育現場でも新しい運動が始まった。定住化傾向が強まり、民族学校における教育には日本語習得など不安に思うこともあり、日本の学校に通学させる親が増加し、日本の学校での差別やいじめ、本名で通学できない状況が生まれていた。民族学校の生徒は減少し、比例するように日本人学校に通学する子供が増えたのである。こうした状況に朝鮮人父兄と日本人教員が「民族共生教育」運動や本名を名乗ることのできる学校を目指して新たな在日朝鮮人教育運動（全朝協運動）を展開するようになった。毎年全国大会が開催されて実践運動の報告が行われているほか、全国在日朝鮮人教育研究協議会が中心となり『これからの在日外国人教育』などを毎年刊行している。

こうした在日朝鮮人の運動や日本人の活動は、定住を前提とする人々が中心となって市民運動として取り組まれているのが特徴であり、祖国志向を全面に出している朝鮮総連や民団とは一線を画す運動となっていた。むしろ、組織は運動の広がりに後押しされるような形で協力していたというのが実状であった。この背景には世代交代、朝鮮の分断固定化、共和国や当時の韓国と日本との経済格差などの問題があり、日韓条約が締結されても韓国に帰国する人はなく、むしろ日本への定住化傾向が強くなったという側面があった。このように定住化傾向は存在したが、それは差別が解消したことにはつながらないのである。いくつかの運動と在日朝鮮人の努力によっていくぶん解消されつつあっても、基本的には継続して差別が存在していたことは一九八四年に実施された神奈川県の実態調査でも明らかになっている（金原左門・梶村秀樹他『日本の中の韓国・朝鮮人、中国人』）。

定住化と関連し、それを象徴するような在日朝鮮人社会の変化が現れた。帰化者の増加と日常的に日本名を名乗る人の増加である。帰化者の増加は日本人との結婚による場合や諸差別のなかで就職・企業活動などで有利になることが主な要因であり、増加状況は第36表のとおりとなっている。

第36表　帰化者の増加状況（単位：人）

1960	3,763	1985	5,040	1998	9,561
1965	3,438	1990	5,216	1999	10,059
1970	4,646	1995	10,327	2000	9,842
1975	6,323	1996	9,898		
1980	5,987	1997	9,678		

法務省関係資料から作成

帰化をしないまでも通名、日本人名を日常的に使用する人も増加し続けており、先の神奈川県の調査では九一パーセントの人が通名を使用している。同調査の中国人の場合は一七パーセントに過ぎないことと比べると大きな差を示している。この通名使用者は戦前期に日本の教育を受けた年代の人々で高く、三〇代後半で戦後民族学校に通学した年代は通名所持率が低い傾向にあり、学校教育の果たした役割が大きいことを示している。通名所持率の高さは通名がないと暮らせない現実の反映でもある。

なお、いったん帰化したが民族名を名乗りたいと希望する者もおり、それらの人々は本名を取り戻す運動を行い、改姓を裁判で争い、それを認めさせることが実現している。

一方、在日朝鮮人のなかに影響を与えたものに、一九六五年に日韓条約が締結され韓国との交流が始ったことがある。当初の政権は軍事政権であったが、その後、韓国との交流が深まり、往復する人々が増大した。日韓の経済的な結びつきも次第に強くなり、朝鮮籍の人も韓国籍に変更して交流をするようになっている。もともと在日韓国・朝鮮人は朝鮮南部出身者であり、親族が韓国に生活している場合が多く、改めて韓国との結びつきが強くなっている。日韓条約によって在日韓国・朝鮮人に転機がおとずれたのである。日韓条約が背景となり、指紋押捺拒否運動などがあり、一九八二年に特例

第37表　通名の有無と使用

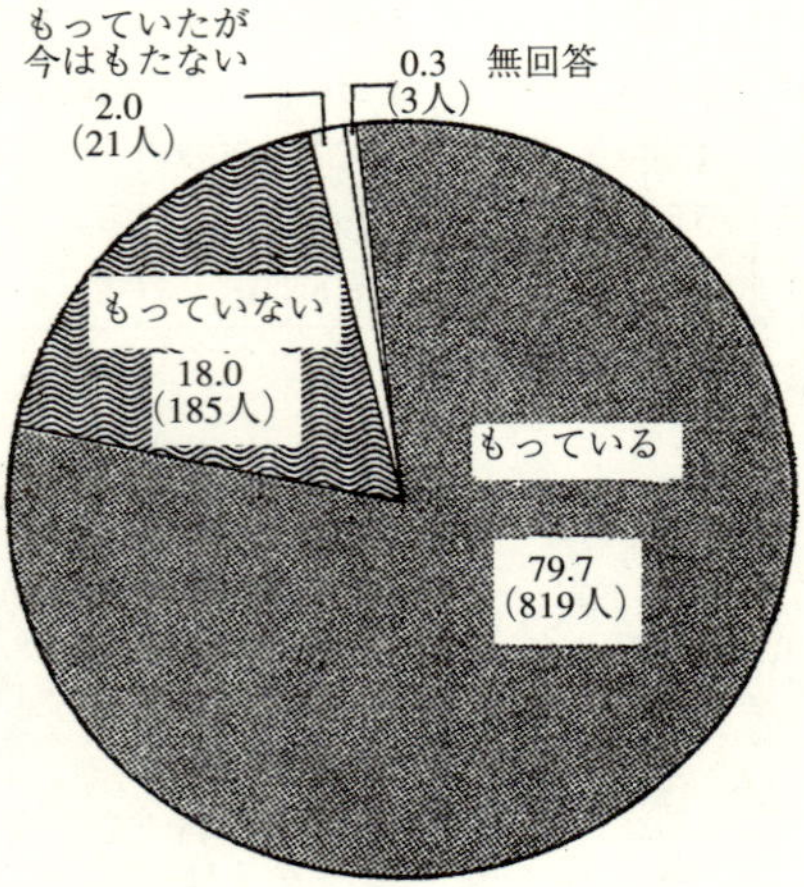

⑴通名所持率（サンプル＝1,028人）

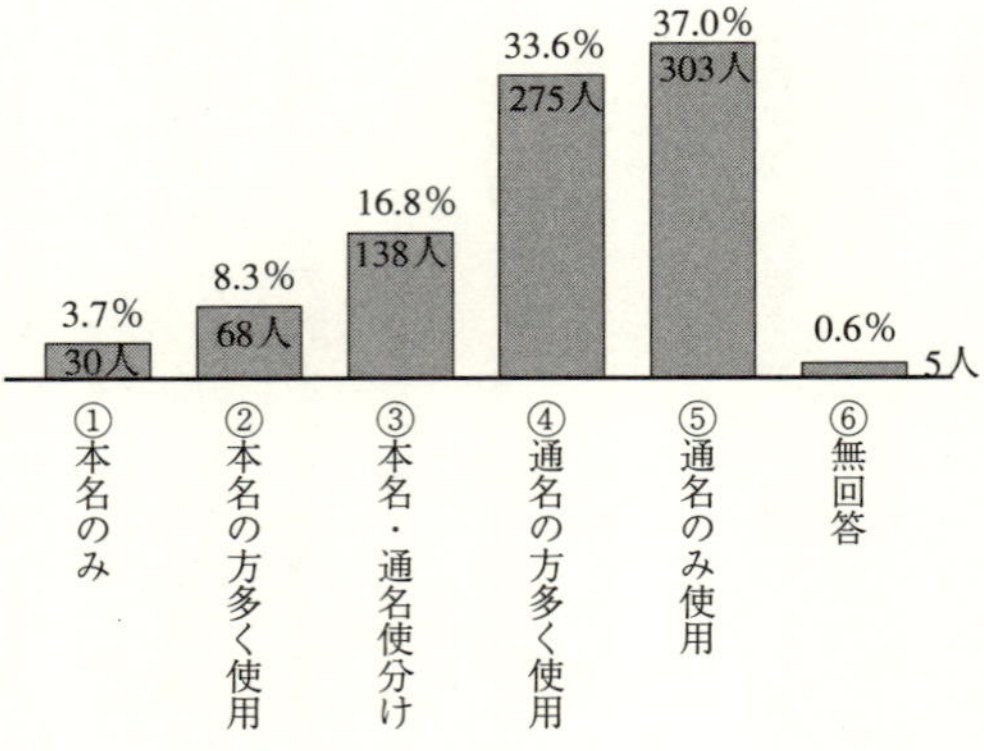

⑵本名通名使用状況

＊神奈川県『日本の中の韓国・朝鮮人、中国人』から

永住許可制度が実現し、さらに一九九一年に出入国管理特例法が制定され、戦前から日本に住んでいる者は「特別永住者」として処遇されることとなった。定住化の進行のなかで一定の成果であると思われる。

こうしたなかで新たに韓国から渡航して定住する人々も多い。「ニューカマー」と称される人々であるが、永住権を取得した人と姻戚関係にある人や知人などの場合もある。これらの人々は本名を名乗って生活し、相互に連携し東京新宿の新大久保のように一定の地域的なまとまりを見せながら暮らすようになっている。韓国という祖国と密接した関係のなかで暮らし、感覚的にも韓国人として生活している。また、旧来の集住地区に住む場合もある。

これらの人々のなかには、日本での生活が長く韓国で生活したことのない、日本語を母語として暮らさざるを得なかった在日朝鮮人とは、言語および生活感覚が相違する人たちも見られるが、差別が存在する日本社会のなかでは助け合い、一体となって生活している。

高度経済成長のなかで在日朝鮮人の置かれた状況は大きく変化し、三世世代も多くなった。定住化志向も広がるようになった。しかしながら、日本国内での就職差別や蔑視はいぜんとして存在し続けているといえるであろう。

第六章　在日韓国・朝鮮人の現況

一　分布と職業

私たちの周りには多くの韓国・朝鮮人が暮らしているが、多くの場合、日本人名で暮らす人があり、日本語を日本人と同様に話し、日本人学校に通学するものが大半で、それと気づかないのが実態であろう。しかしながら、現実には二〇〇〇年末には六三万五二六九人が全都道府県にわたって生活しているのである。（第38表）このほかに就職、結婚、生活上のことなどで帰化した人々もいる。

上位から見ると、大阪、東京、兵庫、愛知、京都、神奈川、福岡の順になり、大阪・兵庫で全体の三分の一を占めている。こうした傾向は戦前期と変わらず、高度経済成長が人口の都市集中をもたらしたが、在日韓国・朝鮮人の場合も都市への集中が進行したといえるのである。とくに新しく韓国から渡航した人々は大半が都市に集中している。

また、外国人のなかに占める韓国・朝鮮人の割合は年々減少し、二〇〇〇年には三七パーセントとなっている。なかでも中国人は三三万五五七五人になり、韓国・朝鮮人の約半数を占めるにいたっている。外

第38表　在日韓国・朝鮮人の分布

北海道	5,934	東　京	97,710	滋　賀	7,254	香　川	1,189
青　森	1,377	神奈川	33,576	京　都	41,067	愛　媛	1,730
岩　手	1,115	新　潟	2,584	大　阪	158,702	高　知	820
宮　城	4,451	富　山	1,742	兵　庫	65,140	福　岡	22,102
秋　田	870	石　川	2,639	奈　良	5,960	佐　賀	1,048
山　形	1,829	福　井	4,413	和歌山	3,831	長　崎	1,443
福　島	2,123	山　梨	2,320	鳥　取	1,570	熊　本	1,233
茨　城	5,797	長　野	4,699	島　根	1,168	大　分	2,551
栃　木	3,138	岐　阜	7,488	岡　山	7,994	宮　崎	802
群　馬	3,202	静　岡	6,929	広　島	13,490	鹿児島	525
埼　玉	17,677	愛　知	47,788	山　口	10,804	沖　縄	474
千　葉	17,228	三　重	7,287	徳　島	456		
合　計							635,269

＊法務大臣官房司法法制調査部編『第40出入国管理統計年報』2001年版による。

国人総数一六八万六四四四人のうち、一二四万四六二九人、約七四パーセントがアジア人である。日本に渡航してくる人々の状況が大きく変化したことを示している。ここでは新規アジア人渡航者について分析する余裕はないが、大多数が低賃金労働者として渡航しており、新たな外国人労働者問題を提起するものとなっている。こうしたなかで在日韓国・朝鮮人の状況も変化し、一定の職業や社会的な地位は安定的になってきている側面もある。しかしながら、日本における歴史的に形成されてきた朝鮮観を変える努力は少なく、本名で生きようとすると厳しい壁に突き当たることになる。在日韓国・朝鮮人の大半を占める二世・三世・四世は日本語で考え、日本語を母語としている人が大半で、韓国・共和国に住む人々とは違う感性をもつ集団となっている。だが一面では、日本国内で韓国・朝鮮人としての差別を受けることにより、韓国・朝鮮人と

第39表　在日韓国・朝鮮人の職業（1995年）

	総数 Both Sexes					
	総数	雇用者	役員	雇人のある業主	雇人のない業主	家族従業者
計	266,623	155,081	29,196	30,482	28,018	23,766
農業	607	220	11	31	183	161
林業	87	45	5	15	13	9
漁業	66	27	1	9	20	9
鉱業	338	173	97	24	21	22
建設業	40,912	13,099	5,753	5,884	3,421	2,752
製造業	47,281	27,144	4,148	4,799	5,476	5,709
電気・ガス・熱供給・水道業	159	153	6	—	—	—
運輸・通信業	13,851	10,239	1,101	531	1,657	323
卸売・小売業飲食店	79,889	38,947	5,763	13,168	10,803	11,194
金融・保険業	10,731	8,475	913	469	679	194
不動産業	7,264	2,919	2,120	788	1,083	353
サービス業	60,172	39,327	9,035	4,577	4,316	2,907
公務（他に分類されないもの）	258	258	—	—	—	—
分類不能の産業	5,008	4,055	243	187	346	133

*『1995年度国勢調査報告　第9巻　外国人に関する特別集計結果』総務庁統計局　1999年
*現在の全国データとしてはもっとも新しい資料であると考えられる。

しての自覚を呼び覚まされる集団となっている。また、これは同時に、祖国との半世紀にわたる断絶と民族として生きることを否定された日本社会によって生まれたものであるという側面をもっている。第39表の職業状態がそれをもっともよく表現しているといえよう。高度経済成長期の職業構成とさほどの違いがないのである。ここで在日韓国・朝鮮人の職業について再度述べるのは、在日韓国・朝鮮人に対する差別が解消したかのごとく論じる傾向が強いので、事実をもって判断すべきと考えるからである。

二　歴史と現状から見えてくるもの

在日韓国・朝鮮人のなかで帰化する人が増えて、日本人との結婚も増加している状態は現在も継続している。日本名で暮らす人も減少はしていない。こうした状況は日本の比較的に安定していた経済状況と定住化の進行を背景にしていると考えられるが、もう一つの重要な要因はやはり韓国・朝鮮人に対する差別がいぜんとして継続していることが複合的な要素として存在すると考えられる。

帰化者が増加し、日本人との結婚が増加していくことで同化が進行し、在日韓国・朝鮮人の歴史が示す問題が解決することにはつながらないと考える。歴史的にいえば、第一に戦前期に行われた協和会体制下に行われた同化政策の結果として同化の進行が進んでいること、例えば名前にしても一九四〇年に行われた創氏改名時の名前を現在でも使っている人が多いこと、戦後、朝鮮語で考え話すことができない大量の青年が在日朝鮮人二世の中核であったことを忘れてはならないであろう。その子たちが三世、四世となっているのである。

第二点の問題は、現在でも韓国・朝鮮名で生きようとすれば厳しい差別が存在するということである。「この二〇年は日本が在日韓国・朝鮮人にとって差別の少ない自由で住み良い国に変わっていき、在日の人たちが日本社会に生きがいを見つけて各分野でめざましい活躍をした時代であった」（坂中英徳『在日韓国・朝鮮人政策論の展開』）と総括する見解が存在するが、それは彼らが日本人名を名乗り日本人として生きたからにほかならない。差別の壁に取り囲まれての日本人名を名乗っての生き方であった、という視点で見なければならないであろう。それほど深刻な日本社会の差別の壁が存在し、多少は緩和されている側面もあるが、現在でも厳然と韓国・朝鮮人の前に立ちはだかっているといえよう。

確かに差別は少なくなっているように見えるが、それは韓国・朝鮮人の運動とそれを支持した日本人の共同の運動が存在したからである。韓国の国際的な地位も高くなり、その支援も存在した。だが、地方自治体の一部は別にして、日本政府が差別解消に努力したという事実が確認できるであろうか。

第三に韓国・朝鮮人、あるいは韓国・共和国に対する具体的差別と日本人の朝鮮観は歴史的に形成されており、歴史認識の問題を含めて解決のための努力を独自に続けていかなければならない、ということである。日本人と在日韓国・朝鮮人との結婚が増加していくことを予想して「二一世紀の比較的早い時期に、在日韓国・朝鮮人社会において日本人との混血者（日本国民）が多数派となり、在日韓国・朝鮮人問題は韓国人・朝鮮人と日本人の大量の結婚の積み重ねを通して自然に解決されたと評価される時代が到来するであろう」（前掲坂中論文）とする見解も存在する。

これは朝鮮人でなくなることで問題が解消していくといっているに過ぎない。問題の本質は、韓国・朝鮮人の存在を日本社会が認め、日本社会で韓国・朝鮮人として生きられることが保証されるかどうかである。それこそが国際化した日本社会であるといえる。「内鮮」結婚を推進し、同化してしまえば問題が解決するという発想は戦前に繰り広げられた内鮮一体論と結婚奨励政策と変わるところがない。他民族の人と文化が日本社会のなかで生き続けられる社会が保証されなければならないのである。

第四は新たに渡航してきている韓国人と共生、相互理解を進めることである。日本全国に韓国から渡航してきた人々が働き、相互に助け合いながら暮らしている。職業・生活上の問題もあるが、少なくとも彼らが母国語で自分たちの子供を教育し、朝鮮・韓国文化を維持し、その子供たちが帰国しても困らない保証が必要である。在日朝鮮人の歴史からいえば誤りは繰り返してはならないのである。

現在、日本とアジアは新たな不況のなかにあり、在日韓国・朝鮮人の置かれている情況は新たな厳しさを増しているといえる。新たな摩擦が起きる可能性も存在する。政治・経済的な矛盾の新たな展開があることを前提に、歴史的な観点で在日韓国・朝鮮人を位置づけておかねばならないであろう。東京都知事の「第三国人」発言に見られるような敵視の思想潮流があることも見据えておかなければならない。これについては多くの反論が行われているが、各地の警察史、地域史などのなかには相変わらず「第三国人」という用語が使用されており、戦後日本社会の新たな蔑視観の再生された表現といえよう。

第五に、こうした歴史理解のない見解もあるが、各地にできた市民運動団体や教育関係者の努力のなかで「共生」のための実践が積み重ねられ、戦後補償裁判も進行していることも現在の在日韓国・朝鮮人を取り巻く状況として位置づけをしておかねばならない。NGOの人権関係団体、国際交流団体、独自な全国各地の人権団体など、多くの組織が活動している。この「共生」への日本人の志向は戦前期の日本国内での労働運動のなかでも実践されていたが、朝鮮の教育運動のなかでも上甲米太郎らによって試みられていたことは評価されるべきであろう。また、弁護士・古屋貞雄は朝鮮南部の苧島農民争議の支援に駆けつけ、「京城帝国大学」の三宅鹿之助助教授は朝鮮人左翼学生を自宅に匿い、資金援助をして逮捕され、職を奪われ戦時下には廃品回収をして糊口を凌いだ。そういう人物もいたのである。さまざまな形での「共生」の試みの成果を生かしながら在日韓国・朝鮮人との新しい関係を築くことが必要になっている。在日朝鮮人との共生・連帯の歴史は古く、昭和恐慌期の運動のなかでは各争議で朝鮮人と行動を共にした事例もあり、関東大震災のなかでも朝鮮人を日本人庶民が救助した事例もあげることができる。強制連行労働者をかばい、逃走を助けたりした例もある。在日朝鮮人も戦後平和運動のなかで原水爆禁止の署名を日本人とともに集め、平和運動に一定の役割を果たしている。こうした伝統のなかで「共生」の道をたどっていくことが求められているといえよう。

戦後、在日朝鮮人は東西冷戦による民族教育の抑圧開始と朝鮮の分断によって回復しつつあった民族的な見方や考え方、民族言語の保持は深刻な影響を受けた。朝鮮戦争後、一時的には民族学校はさかんになったものの、高度経済成長の波のなかで日本社会に朝鮮人社会ものみ込まれていくという面が強くなり、子供たちの大半は日本人名を使い、日本の小・中学校に通学し、その後も日本語中心の生活をする人々が多くの部分を占めるようになった。戦後になっても日本国内の在日朝鮮人差別は解消されることがなく、戦前期の朝鮮人対応の態勢が維持されていたために起きた問題でもある。さらに、韓国・共和国ともに在日朝鮮人との交流ができず、韓国との日韓条約締結以前の国家関係の断絶、現在まで継続している朝鮮民主主義人民共和国との国交がないことから朝鮮人個人の交流も途絶えた。これが基本となり、日本政府の民族教育を認めない体質、単一民族的な考え方の存在なども影響している。一部は改善されたとはいえ、差別制度の維持が典型的には帰化者の増加に示して表現されているといえよう。戦後、日本政府は在日韓国・朝鮮人に対する民族性を保持するための教育・文化については否定的であった。政府は在日韓国・朝鮮人が民族性を育てることを肯定し、日本人と同等な援助をしなければならないと考えられる。

戦後朝鮮人社会の特徴の一つをあげると、朝鮮人社会が祖国分断の影響を受け在日朝鮮人社会をも裁ち切り、一体となった日本社会での力量の発揮に陰を落としている。

現在、韓国との交流が進み、韓国に留学するか滞在した経験のある在日韓国人の多くは、祖国・韓国との「距離」を感じて日本に帰ってくる。その日本では差別の壁はいぜんとして強く、多くが通名・日本人名を使い暮らさなければならない。彼らは行き場のない孤立感に悩まされている。こうした事態は言葉を中心にした民族教育を保証しえなかったばかりでなく、日本の社会システムが韓国・朝鮮人など外国人を拒否するように構成されてきたからである。打開の途として川崎市の外国人市民会議の開催、地方各種選挙への投票権の行使などが試みられているが、ごく一部に過ぎない。外国人を含めた新たな参加型社会の構築が課題とされているといえよう。

付表　在日朝鮮人人口の推移

年代	在日人口	年代	在日人口	年代	在日人口
1910	2,246	1946	647,006	1980	664,536
1911	2,527	1947	598,507	1981	667,325
1912	3,171	1948	601,772	1982	669,854
1913	3,635	1949	597,561	1983	674,581
1914	3,542	1950	535,236	1984	680.706
1915	3,917	1951	560,700	1985	683,313
1916	5,624	1952	571,008	1986	677,959
1917	14,502	1953	556,084	1987	673,787
1918	22,411	1954	564,849	1988	677,140
1919	26,605	1955	567,053	1989	681.838
1920	30,189	1956	575,287	1990	687,940
1921	38,651	1957	601,769	1991	693,050
1922	59,722	1958	611,085	1992	688,144
1923	80,415	1959	619,096	1993	682,276
1924	118,152	1960	581,257	1994	676,793
1925	129,870	1961	567,452	1995	666,376
1926	143,798	1962	569,360	1996	657,159
1927	165,286	1963	573,284	1997	645,373
1928	238,102	1964	578,545	1998	638,828
1929	275,206	1965	583,537	1999	636,548
1930	298,091	1966	585,278	2000	635,269
1931	311,247	1967	591,345		
1932	390,543	1968	598,076		
1933	456,217	1969	607,315		
1934	539,695	1970	614,202		
1935	625,678	1971	622,690		
1936	690,501	1972	629,809		
1937	735,689	1973	636,346		
1938	799,878	1974	643.096		
1939	961,591	1975	647,156		
1940	1,190,444	1976	651,348		
1941	1,469,230	1977	656,233		
1942	1,625,054	1978	569,025		
1943	1,882,456	1979	662,561		
1944	1,936,843				
1945	1,115,594				

＊1945年は11月末

＊戦前期は主に内務省警保局資料、戦後は法務省外国人登録などを使用した。1945～55年は明確でない。

引用文献

姜万吉『日帝時代貧民生活史研究』創作社　一九八七年
『朝鮮年鑑』京城日報社　一九四五年版
『朝鮮総督府統計年報』朝鮮総督府　各年報
『人口調査結果報告』朝鮮総督府　一九四五年
木村健二「在朝日本人の社会史」未来社　一九八九年
『朝鮮の農業』朝鮮総督府農林局　一九四一年版
李熒娘「植民地朝鮮における米穀検査制度の展開過程」一橋大学大学院博士学位請求論文
『朝鮮に於ける小作に関する参考事項摘要』朝鮮総督府農林局　一九三四年
『関東局管内現住人口統計』各年版付録「満州国在留日本人現住人口」
李光奎『在中韓人』一潮閣　一九九四年
『京畿道農村社会事業』京畿道内務部社会課　一九二四年
樋口雄一『戦時下朝鮮の農民生活誌』社会評論社　一九九八年
「慶尚北道斡旋満州開拓民年別入植実績総括表」『調査月報』朝鮮総督府　一九四四年二月号

『労働関係法令集』慶尚南道労務課　一九四四年
小野寺次郎「南鮮の農業」『調査月報』朝鮮総督府　一九四四年二月号
印貞植「朝鮮農民の生活状況」『調査月報』朝鮮総督府　一九四〇年三月号
善生永助「朝鮮の生活と犯罪」『朝鮮』一九三一年三月号
「生活難に基づく諸相」朝鮮総督府
『昭和一四年旱害誌』朝鮮総督府　一九四三年
「高等警察要史」慶尚南道警察部　一九三四年
樋口雄一「植民地下朝鮮における自然災害と農民移動」『法学新報』第一〇九巻一、二号　中央大学　二〇〇二年
『社会運動の状況』内務省警保局　一九四二年版
水野直樹「朝鮮総督府の『内地』渡航管理政策」『在日朝鮮人史研究』二二号　一九九二年
「在京朝鮮人労働者の現状」東京府　一九三六年
坪江汕二『在日本朝鮮人概況』巌南堂　一九六五年
『社会運動の状況』内務省警保局　一九三二〜一九四二年版
「内地出稼鮮人労働者状態調査」付録資料　慶尚南道警察部　一九二八年
『特高月報』内務省警保局　一九四四年二月号
『在日朝鮮人概況』一九二〇年（朴慶植編『在日朝鮮人関係資料集成』第一巻所収）
『満州日日新聞』一九一七年七月七日付（『新聞記事資料集成労働編』第一巻）
「内地における労働朝鮮人の現状」『朝鮮公論』第五巻一〇号

「京阪神地方における朝鮮人労働者」大阪朝日新聞　一九一九年三月二四日付
「バラック居住朝鮮人の労働と生活」大阪市社会部　一九二七年
「本市における朝鮮人の生活概況」大阪市社会部　一九二九年
「本市における朝鮮人の住宅問題」大阪市社会部　一九三〇年
「在住朝鮮人問題とその対策」大阪府内鮮融和事業調査会　一九三六年
『在阪朝鮮人の生活状態』大阪府学務部社会課　一九三四年
「朝鮮人職業調査」『社会運動の状況』内務省警保局　一九四二年版
『朝鮮人労働者の近況』大阪市社会部　一九三三年
『市内在住朝鮮出身者に関する調査』京都市社会課　一九三七年
『朝鮮人労働者に関する状況』内務省社会局　一九二四年調査
『京都府協和会要覧』京都府協和会　一九三八年
松井茂『松井茂自伝』松井茂自伝刊行会　一九五二年
樋口雄一「自警団設立と在日朝鮮人」『在日朝鮮人史研究』一四号　一九八四年
山田昭次「関東大震災朝鮮人虐殺と日本人民衆の被害者意識のゆくえ」『在日朝鮮人運動史研究』二五号　一九九五年
『日本人の海外活動に関する歴史的調査』大蔵省管理局
『相模湖ダムの歴史』相模湖ダムの歴史を記録する会
『相模湖町史　歴史編』相模湖町　二〇〇一年

長澤秀『戦時下常磐炭田の朝鮮人鉱夫殉職者名簿―一九三九・一〇～一九四六』　一九八八年
山田昭次他編『百万人の身世打鈴』東方出版　一九九九年
樋口雄一『皇軍兵士にされた朝鮮人』
樋口雄一『戦時下朝鮮の民衆と徴兵』総和社　二〇〇一年
朴秀馥「被爆韓国人」一九七五年
早乙女勝元『東京大空襲』岩波書店　一九七一年
『引揚援護の記録』引揚援護庁　一九五〇年
木村健二「戦前期在日朝鮮人の定住過程」『在日朝鮮人史研究』一九九七年
安藤富夫『無窮花（むぐんは）』自費出版　一九九二年
『引き揚げと援護三〇年の歩み』厚生省　一九七七年刊
崔碩義「八・一五前後の舞鶴の思い出」『在日朝鮮人史研究』二三号所収　一九九三年
堀内稔「一一・二七神戸朝鮮人生活擁護闘争」『在日朝鮮人史研究』一〇号　一九八二年
『私たちの歩み』名古屋市立牧野小学校分教場　一九五四年
魚塘「解放後初期の在日朝鮮人組織と朝連の教科書編纂事業」『在日朝鮮人史研究』二八号　一九九八年
酒井秀雄「在日朝鮮人運動の実況　三 民族的性格と生活実態」『警察時報』一九五五年二月号
『鶴鉄労働運動史』駿台社　一九五六年
篠崎平治『在日朝鮮人運動』令文社　一九五五年
『在日本朝鮮人商工名鑑』在日本朝鮮人商工連合会　一九五七年版

『住宅地区実態調査報告書』神奈川県建築部住宅課　一九六一年二月
永原勘榮「在日外国人保護と適正化対策」『生活保護三〇年史』厚生省
『神奈川の社会福祉事業―その十年―』神奈川県　一九六二年
『神奈川県生活保護統計年報』各年版
樋口雄一「在日朝鮮人生活保護打切り政策について」『在日朝鮮人史研究』一一号　一九八三年
『在日朝鮮人帰還業務概要』日本赤十字社神奈川県対策本部　一九六六年
『在留外国人統計』法務省　一九七四年版
『在日朝鮮人就職差別―電電公社受験拒否撤回闘争―』西宮市立西宮高等学校分会　一九七八年
ひとさし指の自由編集委員会「ひとさし指の自由」社会評論社　一九八四年
『これからの在日外国人教育』全国在日朝鮮人教育研究協議会他　一九九八年版
金原左門・梶村秀樹他『日本の中の韓国・朝鮮人、中国人』神奈川県　一九八六年
『第40出入国管理統計年報』法務大臣官房司法法制調査部　二〇〇一年
『一九九五年度国勢調査報告　第九巻　外国人に関する特別集計結果』総務庁統計局　一九九九年
坂中英徳『在日韓国・朝鮮人政策論の展開』日本加除出版　一九九九年

在日朝鮮人通史関係文献

在日朝鮮人史に関する文献は多いが、時代やテーマを限って論じられていることが多く、通史的に概説した著作は少ない。通史、あるいは通史としても参考になるいくつかの入手しやすい文献をあげておきたい。なお、本書で参考とした文献以外の資料もあげてある。

全国を対象とした通史著作

朴慶植『解放前在日朝鮮人運動史』三一書房　一九七九年
朴慶植『解放後在日朝鮮人運動』三一書房　一九八九年
金賛汀『在日コリアン百年史』三五館　一九九七年
在日韓国青年同盟中央本部『在日韓国人の歴史と現実』洋々社　一九七〇年
梶村秀樹『梶村秀樹著作集　第六巻　在日朝鮮人論』明石書店　一九九三年
森田芳夫『数字が語る在日韓国・朝鮮人の歴史』明石書店　一九九六年
兵庫朝鮮問題研究会『在日朝鮮人九〇年の軌跡』神戸学生青年センター　一九九三年
小沢有作『在日朝鮮人教育論』亜紀書房　一九七三年
西成田豊『在日朝鮮人の「世界」と「帝国」国家』東京大学出版会　一九九七年
森田芳夫『在日朝鮮人処遇の推移と現状』法務省　一九五五年

梁永厚『戦後在日朝鮮人運動一九四五―一九六五』未来社　一九四四年
姜在彦・金東勲『在日韓国・朝鮮人』労働経済社　一九八九年
姜在彦『在日朝鮮人渡航史』朝鮮研究所　一九五七年
朴在一『在日朝鮮人に関する総合調査研究』新紀元社　一九五七年

地域を対象にした通史著作

内藤正中『日本海地域の在日朝鮮人』多賀出版　一九八九年
川瀬俊治『奈良在日朝鮮人史一九一〇―一九四五』奈良在日朝鮮人教育を考える　一九八五年
兵庫県朝鮮関係研究会『在日朝鮮人九〇年の軌跡』同会刊　一九九三年
杉原達『越境する民―近代大阪の朝鮮人史―』新幹社　一九九八年
桑原眞人『近代北海道史研究序説』北海道大学図書刊行会　一九八二年

このほかに地方行政機関が刊行した関係史、神奈川、北海道、京都などで強制連行調査報告などがある。

在日朝鮮人一世の自伝

金乙星『アボジの履歴書』神戸学生青年センター　一九九七年
朴憲行『在日韓国人一世―七〇年の記録―』新幹社
金鐘在『渡日韓国人一代』図書出版　一九七八年

主な聞き書き

『アボジ聞かせてあの日のことを』在日本大韓民国青年会　一九八八年
山田昭次他編『百万人の身世打鈴』東方出版　一九九九年

韓国で発行された在日朝鮮人に関する通史叙述

李光圭『在日韓国人―生活実態を中心に―』一潮閣　一九八三年
金相賢『在日韓国人―僑胞一〇〇年史』ハンミンゾク　一九八八年
寛植『在日本韓国人』亜細亜政策研究院　一九九〇年
鄭恵瓊『日帝時代在日朝鮮人民族運動研究―大阪を中心として―』国学資料院　二〇〇一年

基礎資料集

朴慶植『在日朝鮮人関係資料集成』8・15解放前一～五巻
朴慶植『在日朝鮮人関係資料集成』戦後編一～一〇巻

個別テーマ資料集

金英達・高柳俊男編『北朝鮮帰国関係資料集』新幹社　一九九五年
山根昌子編『「朝鮮人・琉球人」帰国関係資料集一九四六―四八』新幹社　一九九二年
水野直樹編『京都における朝鮮人の歴史―社会時報　資料集―』世界人権問題研究センター　一九九七年
樋口雄一編『協和会資料集』一～五巻　緑陰書房

ほかに教育関係資料集がある。

在日朝鮮人問題を取り上げている入手しやすい雑誌

『在日朝鮮人運動史研究』『海峡』『ほるもん文化』『季刊三千里』『青丘』『民主朝鮮』『Sai』など

このほかに、現在の生活実態調査報告書『日本の中の韓国、朝鮮人・中国人』（神奈川県・明石書店）、あるいは京都市などで調査報告書が刊行され、論文なども多い。
強制連行関係資料集、調査報告書、論文は多数あり取り上げられなかった。

おわりに──足もとからの交流を──

日韓交流がさかんになり、いまや福岡駅や広島駅などには韓国語で案内の表示が出るようになった。また、四月半ばからは一流紙の連載小説に在日朝鮮人作家の作品が掲載され、韓国との交流は花盛りである。しかし、一方では在日朝鮮人に対する住宅差別が問題になったり、第三国人発言をする知事すらいるのが現状である。もっとも身近にいる在日韓国・朝鮮人については、まったく無関心でいることの証明でもあろう。まず、近くで私たちと生活を共にしている人々との共生が必要で、それなくしては韓国・共和国との友好もおぼつかないであろう。

いま、在日朝鮮人の世代も変わり、三世・四世の時代になり、彼らの大半は日本語を母語としており、祖国との距離感も遠くなっている。反面では本名では日本社会からも受け入れられない場面も多く、日本名を名乗って暮らす人が多い。彼らは日常的に多くの問題を抱えながら生きている。

本書では、どうしてこのような状況になったのかについて歴史的な経過を明らかにして、隣人の在日韓国・朝鮮人との新たな共生の途を探ろうとしたものである。

在日韓国・朝鮮人女性のことや苦学した学生たちのことなどには言及できなかったことなど不十分さはあるが、日本での暮らしやそれに対する日本政府の施策などについては明らかにできたように思う。これからの在日韓国・朝鮮人理解に少しでも役立てられれば幸いである。なお、本書では必要に応じて韓国・朝鮮人と表現したが、基本的には歴史的用語として朝鮮人と表現した。

本書の刊行を思い立ったのは少しずつ書きためてきた在日朝鮮人関係の文章をまとめて見ようと思っていたからで、そうしたときに大濱徹也先生から同成社を紹介されたのである。記してお礼を申し上げたい。同成社はお世話になった友人の李承玉氏（故人）が文学書の翻訳を刊行したり、在日朝鮮人関係刊行物も出していることに気づいた。これまで三〇年近くも在日朝鮮人の歴史について書いたり考えたりしてきたが、研究会を共にした李氏や朴慶植先生（故人）、崔碩義・許一昌先生等に在日朝鮮人運動史研究会でご指導いただいたので長く続けられたと思う。山田昭次先生など同研究会の多くの日本人にもお教えいただいた。小沢有作氏（故人）・任展慧氏など同人「海峡」のメンバーにはよく話を聞いていただいた。朝鮮農業のことはアリラン文化センターの地域史研究会の新納豊・李奘娘氏など多くの人々からご教示いただいた。総督府資料については海野福寿先生、日本近代史や地域史については今井清一先生・金原左門先生からご指導いただいた。こうしてみると多くの人々の支えがあって本書ができたので、私の作とはいえないかもしれない。感謝申し上げたい。

末筆になったが同成社の山脇氏には刊行にあたりお手をわずらわした。お礼申し上げたい。

二〇〇二年五月二十一日

日本《にほん》の朝鮮《ちょうせん》・韓国人《かんこくじん》

著者略歴

樋口　雄一（ひぐち・ゆういち）

1940年　中国瀋陽生まれ。

明治学院大学卒業。朴慶植氏らと『海峡』『在日朝鮮人史研究』等の刊行を続ける。朝鮮史研究会会員。

〈主な編著書〉

『協和会—戦時下朝鮮人統制組織の研究』（社会評論社）、『戦時下朝鮮農民生活誌』（社会評論社）、『戦時下朝鮮の民衆と徴兵』（総和社）、『朝鮮現代史の手引』（共著・勁草書房）、『神奈川の韓国・朝鮮人』（共著・公人社）、『協和会関係資料集・全５巻』『戦時下朝鮮人労務動員基礎資料集・全５巻』（以上編・解題、緑陰書房）

2002年６月10日発行

著　者　樋　口　雄　一

発行者　山　脇　洋　亮

印刷者　㈱　深　高　社

モリモト印刷㈱

発行所　東京都千代田区飯田橋４－４－８　東京中央ビル内　㈱同成社

TEL　03-3239-1467　振替00140-0-20618

ISBN4-88621-252-2 C3321